Eva et Ruda

© les éditions du passage
1115, avenue Laurier Ouest
Outremont (Québec) H2V 2L3
Tél. : 514.273.1687
Téléc. : 514.908.1354

Diffusion pour le Canada :
PROLOGUE
1650, boul. Lionel-Bertrand
Boisbriand (Québec) J7E 4H4
Tél. : 450.434.0306
Téléc. : 450.434.2627

Diffusion pour la France :
Librairie du Québec
DNM - Distribution du Nouveau Monde
30, rue Gay Lussac
75005 Paris
Tél. : +33 1 43 54 49 02
Téléc. : +33 1 43 54 39 15

Conception graphique : Nicole Lafond
Photographie du journal d'Eva : Madeleine Beaudet
Révision française : Pierre Quenneville

**Catalogage avant publication de Bibliothèque et Archives nationales
du Québec et Bibliothèque et Archives Canada**

Roden, Eva, 1924-

Eva et Ruda

Traduction de : Lives on borrowed time.

ISBN 978-2-922892-42-0

1. Roden, Eva, 1924-   . 2. Roden, Rudolf, 1923-   . 3. Holocauste, 1939-1945
– Récits personnels. 4. Guerre mondiale, 1939-1945 – Récits personnels juifs.
5. Survivants de l'Holocauste – Canada – Biographies. I. Roden, Rudolf, 1923-   .
II. Titre.

D804.196.R63A3 2010   940.53'18092   C2010-940875-6

Dépôt légal :
Bibliothèque nationale du Québec
Bibliothèque nationale du Canada
3ᵉ trimestre 2010

Nous remercions de leur soutien financier
Le Gouvernement du Québec – Programme de crédit
d'impôt pour l'édition de livres – Gestion SODEC
Le Conseil des Arts du Canada.

Nous remercions le gouvernement du Canada de son soutien financier pour nos
activités de traduction dans le cadre du Programme national de traduction pour
l'édition du livre.

Eva & Rudolph Roden

Eva et Ruda

Récit à deux voix de survivants de l'Holocauste

Révisé en anglais par Lazer Lederhendler

Traduit de l'anglais par Joanne Gosselin

les éditions du passage

À nos enfants

Lors de la préparation de cette édition, j'ai eu l'occasion de rencontrer Ruda à plusieurs reprises. Ce furent des moments privilégiés où se mêlaient travail et souvenirs que Ruda a bien voulu partager avec moi. De durs moments, des questionnements sur la nature humaine, mais aussi de pures joies, comme celle d'avoir retrouvé Eva, après la guerre. Au fil de nos rencontres, j'ai appris ce qui avait mené Eva et Ruda à coucher sur papier leur histoire. Eva avait entrepris, au début des années 80, de dresser le récit de ce qui a fait basculer sa vie : à partir de son journal intime, brusquement interrompu en octobre 1940, elle remonte le cours de son histoire. Travail difficile mais nécessaire, d'abord pour transmettre cet âpre passé à ses enfants et petits-enfants, afin que la mémoire de ces événements reste intacte. Ruda, inspiré par sa femme, décide alors de l'accompagner dans sa démarche et relate sa propre expérience.

Le projet d'un livre prend donc forme. Demeurées longtemps muettes, les voix d'Eva et de Ruda se font entendre pour la première fois en 1984, lorsque paraît cet ouvrage, publié d'abord en anglais chez Carlton Press sous le titre de Lives on borrowed time, *puis en tchèque chez Academia en 2009. C'est plus de vingt-cinq ans après avoir été écrit que ce récit est enfin publié en français, dans la ville d'adoption d'Eva et Ruda.*

Au-delà de la simple traduction et par souci éditorial, nous avons choisi de faire alterner les voix des deux auteurs plutôt que de présenter le récit de l'un, puis de l'autre, séparément (comme ce fut le cas dans les précédentes éditions). Ces deux voix, qui se croisent et s'entremêlent, permettent de découvrir comment deux individus de force et de tempérament différents ont pu survivre à une telle horreur. C'est l'espoir d'Eva, son amour pour Ruda, pour ses amies et les enfants des camps, et c'est aussi le regard empreint d'ironie de Ruda, sa détermination, qui confèrent sa texture au récit. Mais en dépit de la folie humaine, de l'enfer des camps, c'est une grande histoire d'amour qu'Eva et Ruda ont bien voulu partager avec nous.

Julia Duchastel

Eva et Rudolph Roden à Montréal,
Collection privée des auteurs, 2009

; měl mne moc rád a já při nejmenší
Ale když už skončím své „filosofické"
ní úvahy - Dobrou noc.

Čtvrtek, 25. dubna 1940.

ne byla u nás veliká radost - zase po
době. Vrátil se strýček Oto! Ten den má
ho Kekové protažení pytle směly. Odpoledn
šla po let- dnu. Nemohu si pomoci, stále j
pytlem a věřím, že je po pojediné správné
nes skývne. Tak tedy, 9. IV. se protáhl py
měl z ale své vzpacholení 8 dubna, kdy j
něho úplně zoufalé a byly přesvědčeny
horších povinostech. - Ale 9 dubna byl
poledne jsem byla v let- dnu a úžasné
nevile, a přímné jsem se samilovala, o

Byla jsem moc veselé s Keka
jó! přišla jsem domů a jako jsem
strýček Oto. Zlatý strýček! Nyní jsem
srdečným dnem. Máma je nyní úplně
i jre již nemá pak velkou podezřívavost
a je po předbno mnohem hezčí. A při
byla s let- dnem na výlehé. Již nikou
m po hrozně příjíla a neviděle jsem
Nm a můj sen se splnil. sté věřím

...moderních dějin. Byl velikým národoveckým
demokratem. Byl úžasně lidský a prostý, měl
...výraz, typickou bradku a takový milý a...
... Národ ho nazýval „Taťíčkem" a když
vzpomínám si na báseň, která byla nejví...
...ti, buď Otokarem Fišerem, nebo Seif...
...né, že ji napsal Hrabas. Ale je úžasně krá...
...

...štíhlý, bílý prst se náhle zdvihl?
...kdyby z nás, z nás jeho žáků stál
...oš chvilku je nutno bdít,
...i odcházím..."

...přišli dni a moři šly
...bolel, – náš učitel.

...n, nevzpomínám si již na konec ...
...i se mi líbí.

...řekl mít v sobě psychicky něco jemného.
...nožky a říkali se básničky, začínající „...
...Masaryku, příjmi od nás mnoho díků "...
...lné. Byly jsme ještě příliš malé holčič...
...jeho význam mohly pochopit. Všech
...holy sluníčko trochu zářila, se na velk...
...gky chystala. Tehdy byl pro ně kved...

Eva et Rudolph Roden à Prague après la guerre,
Collection privée des auteurs, 1950
Pages 12-13 : Manuscrit du journal intime d'Eva Roden écrit pendant
l'adolescence en tchèque et publié en République Tchèque en 2008

Ruda

Je n'avais pas onze ans lorsque ma sœur unique Hilda — de quatre ans mon aînée, belle et très bien pourvue par la nature (dans mon souvenir, du moins) — se rendit un vendredi avec une amie de son âge, à une danse dans une petite ville située à environ 80 km de Prague, pas loin de chez mon grand-père à la campagne. Les filles devaient revenir le soir même, mais elles ratèrent le dernier train et ne furent de retour que le lendemain matin. Ce samedi-là, mes parents reçurent, dans l'après-midi, la visite d'une amie d'école de ma mère, qui apportait de mauvaises nouvelles de cette petite ville. Non seulement les filles avaient dansé jusqu'aux petites heures, ce qui expliquait pourquoi elles avaient raté le train, mais elles avaient passé un moment dans un hôtel du coin, où seul Dieu sait ce qui s'était produit.

Ce même samedi soir, au retour de ma sœur après une activité sportive, notre petit univers familial vola en éclats. Visiblement, Hilda avait déshonoré, par sa conduite, son nom et celui de la famille. Elle avait enfreint les conventions sociales du milieu des années trente, violé les principes moraux d'une famille aisée, détruit l'idéal de ma mère, et tout le reste. Même à cet âge, je comprenais parfaitement ce dont il était question. Elle restait assise, les yeux écarquillés et silencieuse, incapable de se défendre ou peut-être non disposée à le faire. Son silence fit sortir mes parents tous les deux de leurs gonds. Ils se mirent à crier, exigeant la «vérité», et ils firent quelque chose qui nous était jusqu'alors inconnu. Ils se mirent à la battre. Quand la volée de coups au visage eut l'air de s'être calmée, et que Hilda cessa de saigner du nez, ils reprirent de plus belle.

Je me couchai après minuit, les oreilles encore sifflantes de cette ahurissante tempête de rage uni-latérale. Je m'endormis en me demandant : «Que ferais-je à la place de Hilda? Je m'enfuirais, ou peut-être je me tuerais.» Au petit jour, vers cinq heures, je fus réveillé par un bruit sourd. Je compris instantanément ce qui venait d'arriver. Nous habitions au septième étage d'un immeuble moderne. La chambre de ma sœur se trouvait à côté de la mienne et communiquait par une porte. Je bondis sur mes pieds et ouvris la porte. Je ne trouvai que son lit vide et la fenêtre ouverte où remuaient encore les rideaux. Ce fut comme si mon cœur s'était arrêté et que j'étais tombé dans un abîme insondable. Un silence sépulcral plana quelques secondes. Puis mes parents se précipitèrent dans la chambre de Hilda en pleurant, criant, et gémissant. Mon père et moi dûmes retenir ma mère qui voulait sauter pour rejoindre Hilda, étendue morte sur le ciment de la cour, sept étages plus bas.

Ma vie bascula à ce moment. Jusque-là j'avais été un garçon insouciant qui vivait dans les meilleures conditions que pouvait lui offrir sa famille et qu'on avait toujours guidé en tout. Après la mort de Hilda, malgré de sérieux efforts de la part de mes parents, je me durcis à leur égard et me détachai d'eux. Je les rassurais de leur innocence, comme tout le monde, mais je savais bien ce qu'il en était : mes parents avaient tué ma sœur et savaient que je le savais. Leur amour prit une saveur aigre-douce, et la surveillance qu'ils exerçaient jusqu'alors sur tout ce que je faisais cessa tout bonnement. Qu'il eût été question de l'école, de mon temps libre, mon argent de poche, mes vacances, etc., j'étais libre d'en faire à ma guise. Tout ce que je désirais ou choisissais de faire, habituellement au-delà de ce qui était approprié à mon âge, fut plus ou moins laissé à ma discrétion.

Je survécus à ma sœur. Plus tard, pendant ma formation de psychanalyste et alors que j'étais moi-même en analyse, je compris mieux la complexité de mes sentiments et les conflits résiduels de cette tragédie. Le puissant éveil de mon instinct de survie allait très bien me servir par la suite.

Je vis en sursis. Selon toutes les statistiques — et il paraît que les chiffres ne mentent pas —, je ne devrais pas me trouver ici. Mes cendres auraient dû être emportées il y a longtemps par les rivières au cours rapide de la Pologne, ou enterrées dans les décombres de Hambourg pendant la guerre. Mes os auraient été tout simplement laissés à pourrir sur la bruyère en fleurs de l'Allemagne du Nord, sous le soleil exceptionnellement ardent du printemps 1945. Mais défiant toute probabilité, j'ai survécu. Durant de très, très nombreuses années, je me suis efforcée de faire comme si ce que j'avais vécu ne m'avait pas beaucoup marquée. Et j'y serais parvenue n'eussent été des nuits, nuits entrecoupées de rêves torturés, interminables et récurrents. Rêves dans lesquels je dois prendre une décision : faut-il laisser mon nouveau-né, mon enfant de trois, cinq ou dix ans affronter seul la mort dans la chambre à gaz, ou faut-il le prendre dans mes bras ou par la main, et y aller avec lui ? Aurai-je la force d'Abraham tout en sachant qu'aucun Dieu ne viendra me sauver ou sauver mes enfants à l'heure de mon sacrifice ultime ? Je ne sais pas ce que je ferai, et c'est le dilemme qui me poursuit encore maintenant et qui continue à troubler mon repos par des cauchemars horribles. Voilà en essence ce qui me définit.

Je suis une déracinée. Aujourd'hui, alors que tout le monde cherche ses racines, il m'est de plus en plus difficile de définir les miennes, de ressentir une appartenance quelconque. Je sais seulement que je ne suis véritablement chez moi nulle part ; je ne peux même pas prétendre représenter l'éternel Juif errant, parce mon identité juive n'est pas si forte que cela. Eût-elle eu la chance de se développer pleinement et comme il faut, les choses auraient probablement été plus simples pour moi et pour mes enfants, mais nous (et ici l'emploi du « nous » signifie mon époux, mon alter ego) n'avons jamais sérieusement exploré notre judéité. Nous avions tous deux survécu, nous nous étions retrouvés, et c'était suffisant. Le simple fait d'être en vie nous transportait. Et ni Jéhovah le miséricordieux, ni Jéhovah le châtieur n'y étaient pour quoi que ce soit. Ce n'était que Dame Fortune, la quinte royale, le grand chelem, le bon numéro de loterie — c'est tout ce que c'était, du moins je le croyais fermement alors, et aujourd'hui encore, en un sens. Bien sûr, à cause de mon déracinement, j'ai privé mes enfants de leur propre identité et du sentiment d'appartenir à un groupe, à une bande. Mais je n'y pouvais rien ; je n'y pouvais rien alors et je n'y peux rien aujourd'hui.

Ma vie se divise en deux parties distinctes, et chaque partie est solidement enfermée dans sa propre coquille. Toutefois, les coquilles ne parviennent pas à se toucher ; elles gisent éparpillées, certaines complètes, d'autres fragmentées, tout comme les coquillages sur une plage déserte. Mais si je me hasarde à regarder en arrière, je vois bien sûr une continuité ; une tortueuse chaîne d'événements relie solidement ensemble mes vies dans les différentes coquilles, et quels que soient mes efforts, je ne peux pas m'en libérer.

Permettez-moi de commencer par le début, par la coquille numéro un. Cette vie est celle d'une gamine, l'enfant unique d'une famille aisée, qui grandissait au cœur de la belle et baroque ville de Prague sous les regards vigilants d'une mère très stricte, d'un père complaisant, et d'une gouvernante bienveillante ; qui allait à l'école, aux leçons de piano, aux cours de langue ; qu'on emmenait à l'occasion aux concerts, au théâtre, à l'opéra ; qui passait des vacances merveilleuses à la montagne ou en Italie au bord de la mer ; qui avait les meilleures amies, se disputait avec ses meilleures amies ; et qui était toujours surveillée, mais n'avait à se soucier de rien. Cette fille n'avait pour ainsi dire aucune affiliation religieuse, mais elle se sentait néanmoins appartenir à sa culture. C'était une patriote tchèque de tout son cœur et de toute son âme. Les plus grands héros de l'époque étaient pour elle les hommes qui avaient démantelé l'Empire austro-hongrois — et Thomas Masaryk, le surhomme national, fondateur et premier président de la Tchécoslovaquie. Le plus grand dramaturge n'était ni Shakespeare ni Shaw, mais Karel Capek, dont tout le monde vantait la pièce RUR (Les robots universels de Rossum), *publiée en 1923 et produite dans les années trente. Elle avait lu avec amour ses livres pour enfants tout en menant une vie enchantée dans une ville enchantée. (Je crois que personne ne pouvait imaginer que la fantaisie visionnaire de Capek se réaliserait cinquante ans plus tard, ou que le mot « robot » serait adopté dans toutes les langues.)*

Il y avait quelques nuages à l'horizon, c'est sûr, mais nous avions la Petite Entente : nos alliés, la France et la Grande-Bretagne, étaient les puissances de l'époque. Que pouvait-il nous arriver ? Nous disposions d'une armée superbement entraînée et bien équipée, et nous avions même notre propre ligne Maginot encerclant notre cher pays. Nous étions certains que nos fidèles alliés se battraient avec nous et ne nous abandonneraient jamais. Mais les accords de Munich en septembre 1938[1] mirent brutalement fin à ma vie numéro un.

Ruda

Tout cela paraît aujourd'hui impossible, absurde même. Eva et moi nous mariâmes en 1942 dans le camp de concentration de Theresienstadt, et chaque fois qu'il en est fait mention, cela crée toujours une petite sensation. Nous naquîmes tous les deux à Prague, Eva ma cadette de quelques années, et nous partageâmes le sort de nos pairs, assistant à la désagrégation de notre génération. Notre adolescence insouciante et frivole passa bien trop vite, nous projetant de la puberté à la vie adulte en quelques courtes semaines.

Nous sommes tous deux d'origine juive, mais nous fûmes élevés dans un minimum de tradition

---

1   NDT : Les accords de Munich – entre l'Allemagne, la France, la Grande-Bretagne et l'Italie – sont une étape décisive dans la marche vers la guerre. L'Allemagne obtient le territoire des Sudètes, ce qui entraîne indirectement le démantèlement de la Tchécoslovaquie où vivent les Sudètes germanophones.

juive et sans adhésion religieuse. On nous inculqua à la place un immense et ardent enthousiasme nationaliste que propageait une ferme croyance en la fraternité des Tchèques, Slovaques, Ruthéniens et autres minorités à l'intérieur de l'État. Dans notre groupe, nous estimions que le judaïsme était une religion en voie de disparition. Qui n'avait d'ailleurs rien à voir avec notre patriotisme tchèque.

De sinistres nuages s'amoncelaient sur l'Europe après l'accession au pouvoir de Hitler à la tête des nazis, en 1933. Soutenu par un nombre croissant, phénoménal de cohortes, il viola tous les accords et traités ratifiés à la fin de la Première Guerre mondiale. En outre, le réarmement rapide de l'Allemagne sonna l'alarme, contraignant les pays voisins à s'armer eux aussi.

La Tchécoslovaquie, mon pays natal, s'avérait une cible de choix : démocratie modèle lorsqu'elle vit le jour en 1918, c'était un rejeton partiel de l'Empire austro-hongrois coincé entre l'Allemagne, l'Autriche, la Hongrie et la Pologne. Ces pays posaient tous certaines revendications territoriales fondées sur la présence de leurs propres ressortissants qui y vivaient. Ces ressortissants, les minorités de Tchécoslovaquie, estimaient toutefois les revendications injustifiées, car ils disposaient de privilèges d'égalité particulièrement flexibles quant au maintien et à l'évolution de leur langue et de leur culture. La Tchécoslovaquie d'avant-guerre s'attachait à constituer un minuscule « amalgame », car son premier président, T.G. Masaryk — qui avait vécu un certain temps aux États-Unis et avait épousé une Américaine —, avait adopté les États-Unis comme modèle officieux.

Toutefois, avec le temps, j'en vins à la conclusion que le gouvernement central de n'importe quel pays doit être fort, capable d'exercer certaines politiques de gouvernance restrictives : par exemple, la liberté des minorités à l'éducation dans leur propre langue dans l'intérêt de maintenir leur héritage semble tout à fait démocratique, mais produit invariablement l'effet inverse. Cela se vérifia en Tchécoslovaquie et plus tard au Canada — en fait, dans tous les pays où le nationalisme des minorités fut encouragé afin de promouvoir leur unité à l'intérieur d'un État autrement viable et fonctionnant bien. Les trois millions d'Allemands de Tchécoslovaquie qui réclamaient à cor et à cri le retour au Reich avant 1938 furent le point de convergence des visées de l'Allemagne nazie à l'annexion.

Les énormes usines d'armements qui faisaient de la Tchécoslovaquie le plus important fabricant d'armes du reste de l'Europe ne manquaient pas non plus d'attrait pour les nazis. Se transformer en arsenal signifiait couper court à la dépression mondiale dans l'ensemble, mais cela ne fut pas d'un grand secours à la population locale. Ni les économistes ni les politiciens, non plus les militaires ne surent interpréter correctement les signes, ou du moins, pas à temps. Assurément, personne ne tint compte des manuels normatifs spécifiques d'auteurs beaucoup plus modernes que Metternich ou Clausewitz — auteurs tels que Marx, Lénine et en particulier Hitler. Les plans figuraient tous dans *Das Kapital* ou dans le funeste *Mein Kampf* (et en règle générale, ils s'y trouvent encore).

Eva

Ma vie numéro deux parle d'elle-même, avec des mots sortis non pas de ma mémoire mais de mon journal, qui a subsisté à la guerre, rangé parmi les livres dans une caisse confiée à des amis aryens de ma mère. Il m'a été retourné après que je fus rentrée en 1945. Depuis, ce livre m'a pour ainsi dire suivie autour du monde, mais je n'y ai plus rien écrit. Je n'en ai jamais ressenti le besoin.

Avant de poursuivre, certaines explications sur ma famille et mon entourage s'imposent. Ma mère avait quatre frères, une sœur, de nombreux cousins ; tous mariés et avec plusieurs enfants, excepté mon oncle Otto, qui était célibataire — et l'associé de mon père. Ils formaient une famille tissée serré et se réunissaient au moins deux ou trois fois l'an, mais les seules personnes que ma mère fréquentait étaient sa cousine Irène et sa sœur, ma tante Elsie, de qui elle était très proche.

Le patriarche dans la famille de ma mère était son frère aîné, mon oncle Vitezslav. Tout le monde s'en remettait à lui et venait lui demander conseil. Son opinion était non seulement respectée, mais faisait loi en quelque sorte. C'était un homme très engagé, le patriote tchèque de la famille ; il était membre du parti social-démocrate de Tchécoslovaquie, ce qui, je crois, correspond à l'ancien parti travailliste britannique.

Mon oncle avait trois filles qui ont été les héroïnes de mon enfance ; je les adorais, mais j'ai bien peur qu'elles se soient à peine souciées de mon existence. Il y avait naturellement une grande différence d'âge entre nous, car Anna, l'aînée, était à peine plus jeune que ma mère de quelques années. Mais lorsqu'elles faisaient leur apparition, soit ensemble ou séparément, ou lors des rares occasions où j'étais invitée à les visiter, c'était pour moi un jour à marquer d'une pierre blanche. Je les idolâtrais tout simplement, quoique je ne pense pas qu'elles se soient rendu compte de l'empreinte qu'elles ont laissée sur mes premières années. Anna, l'aînée, était travailleuse sociale. Elle épousa Emil, un Juif égyptien d'Alexandrie qui s'était réfugié à Prague avec sa famille, vers la fin des années vingt ou au début des années trente. Ils ont eu une petite fille nommée Milenka, qui a pris ma place en tant que bébé de la famille. Milada, la sœur cadette, était neurologue. Zdena, la benjamine, la plus jolie et la plus vive de toutes, étudiait pour devenir elle aussi travailleuse sociale. C'était celle que j'admirais le plus.

De même, mes cousines ont eu une incroyable influence sur ma mère. À l'âge de dix ans, on m'a envoyée au lycée que Zdena avait fréquenté. Mes cousines étaient toutes les trois de ferventes guides, et donc, bien sûr, j'ai dû adhérer au même mouvement scout.

On m'a envoyée deux années de suite au camp guide qu'elles recommandaient, ce que, malgré mon amour pour elles, j'ai absolument détesté. Mais enfin, personne ne m'a demandé mon avis.

À compter de septembre 1939, je ne pouvais plus fréquenter l'école publique. Ma mère trouva à Prague un pensionnat privé spécialisé en langues qui acceptait quelques étudiantes externes pour l'année scolaire 1939-40 (ce que malheureusement les autorités ont interdit après 1940). J'étais parmi les privilégiés. Cette école privée se situait assez loin de chez moi, alors je prenais le tramway, ce qui était encore permis à ce moment-là.

À la même époque, mon père et mon oncle — son associé et le frère de ma mère — ont perdu leur fabrique, une entreprise de production d'articles en or et en argent. Elle a été reprise par les Allemands environ un mois après l'occupation en mars 1939. Mon père et mon oncle y sont restés comme ouvriers jusqu'aux événements fatidiques du 2 décembre 1939. Ce samedi-là, au moment où j'étais à l'école (à Prague, tout le monde allait à l'école cinq jours pleins par semaine, et le samedi jusqu'à treize heures), la Gestapo s'est présentée, a saccagé tous les objets de valeur de l'appartement, a appréhendé mes parents et les a emmenés. Lorsque je suis revenue de l'école vers quatorze heures, mes parents avaient disparu et je n'ai trouvé à la maison que les deux frères aînés de ma mère qui inspectaient les dégâts, et la bonne, ou plutôt la servante que ma mère avait héritée de sa mère, Maria, qui pleurait hystériquement.

C'est à ce moment, je crois, que mon univers s'est écroulé. Mon enfance s'est terminée abruptement. Il m'a fallu grandir, et vraiment très vite.

Ruda

À quatorze ans, ma mère m'emmena perfectionner mon allemand dans la famille d'une de ses vieilles amies d'école en Bohême du Nord, au cœur du Sudetenland. Cette famille possédait une usine d'embouteillage de bière et une maison de dimensions appréciables dans une ville montagneuse frontalière située partie en Tchécoslovaquie, partie en Allemagne. D'immenses svastikas flottaient des deux côtés de la frontière sur toutes les façades. Il m'aurait été impensable de demeurer volontairement à un tel endroit, où à la place de l'habituel «bonjour», on était salué par «*Heil Hitler*». Les gens portaient même une sorte d'uniforme normalisé : les femmes et les filles portaient le *dirndl* dans des tons de vert, avec les cheveux en chignon ou tressés ; toujours dans des tons de vert, les hommes portaient le *lederhose,* des bas blancs aux genoux, un chapeau de feutre orné d'une touffe de plumes, et le *loden*.

J'avais honte de ma mère. Mon allemand n'était pas si mauvais qu'il fallût payer un tel prix pour mieux le parler : c'était grotesque, ridicule et plutôt effrayant. Cette famille allemande savait sûrement que j'étais Juif, mais par amitié pour ma mère et parce que j'étais blond, ils préférèrent fermer les yeux et rien ne fut jamais mentionné. Seulement, ils avaient une fille de quinze ans très jolie, très friponne et aguicheuse, avec des tresses blondes et de grands yeux bleus enjôleurs. Je restai donc.

Ma connaissance des nuances variées de la langue, des habitudes et autres aspects du caractère allemand contribua certainement à ce que je reste inébranlable lorsque ces gens se montrèrent par la suite tout à fait irrationnels, même méchants et abjects.

Nos parents s'efforçaient de nous élever dans une atmosphère d'équité et de justice, de foi en l'humanité, de confiance en la démocratie. Il était inconcevable pour eux que les Juifs puissent être de nouveau la cible principale des nazis. Pourtant, ainsi que cela s'était produit plusieurs fois auparavant, les Allemands se mirent à les tenir responsables de toutes les misères, ce qui justifiait que les Juifs soient écartés de la vie allemande. Les nazis eurent ressort à des mesures antisémites sans précédent, dans des proportions jamais vues. En 1935, les lois de Nuremberg légalisèrent et légitimèrent ces mesures dans le but d'exclure les Juifs de tous les aspects de la vie allemande et de créer un État sans Juifs. Les Juifs allemands les plus riches et les plus chanceux purent quitter le pays ; ils affluaient encore à nos frontières avec l'Allemagne en 1938, après l'Anschluss de Hitler en Autriche. Bien qu'horrifiés, nos parents restèrent, certains que « rien de semblable ne pourrait jamais se produire ici » ! Très peu de Juifs tchèques eurent à l'époque la clairvoyance, le courage ou les moyens, voire l'énergie de diviser les unités familiales, de partir et ainsi survivre.

La Tchécoslovaquie se mobilisa en 1938. Je me ralliai à la garde nationale tchèque en tant qu'étudiant patriote, et je fus l'un des rares qui assistèrent aux cours en uniforme. Beaucoup de mes amis juifs s'engagèrent aussi, mais en vain. Au fond, la naïveté des gouvernements démocratiques européens, ou peut-être la quasi-inefficacité de tels systèmes, détruisit le peu d'espoirs que nous avions de nous défendre. Avec le pacte de Munich, Hitler réussit par l'intimidation et la ruse à obtenir des hommes d'État européens mal préparés qu'ils lui cèdent le Sudetenland, la partie circonférentielle de Bohême et de Moravie, où se trouvaient la majorité des Allemands qui scandaient : « Retour à la mère patrie ! » Comme par hasard, c'était aussi la zone militaire défensive la plus importante : elle contenait toutes les fortifications de l'armée tchécoslovaque, de sorte que l'accord rendit l'armée inefficace et le pays incapable de résister. L'annexion du Sudetenland aurait dû représenter la satisfaction de toutes les nouvelles prétentions territoriales des Allemands.

L'ambiance à Prague était tout à fait lugubre. Une part substantielle du gouvernement quitta pour l'Angleterre, incluant le président de la République. À cette époque, par l'entremise de Rose, la sœur de ma mère qui vivait à New York, j'obtins un visa étudiant pour les États-Unis dans l'intention de m'inscrire en onzième année à l'Abraham Lincoln High School de New York. Bon gré mal gré, mes parents firent eux aussi une demande d'émigration aux États-Unis. Toutefois, comme beaucoup d'autres faisant face à des circonstances similaires, ils n'étaient pas vraiment sérieux. Il y avait les vieux grands-parents qu'on ne pouvait pas déraciner, et il y avait les situations professionnelles à sauvegarder ; il y avait l'immobilier, et les propriétés invendables à ce moment-là, et il y avait le devoir de ne pas quitter la patrie tchécoslovaque menacée. Plus que tout, il y avait le reste du monde peu enclin à faciliter leur émigration. La difficulté générale liée à l'émigration, les spécifications, les quotas, les conditions semblaient insurmontables, et l'urgence critique de la situation n'eut pas beaucoup d'incidence sur la disposition des pays du monde libre à décider du sort des Juifs en difficulté.

Par un 15 mars pluvieux de 1939 (*Les ides de mars*, un ouvrage si important pour Hitler), les forces armées allemandes nazies envahirent la Bohême et la Moravie. La Slovaquie se proclama République libre sous le gouvernement collaborationniste nazi, et la Ruthénie fut encore une fois absorbée par la Hongrie. La Tchécoslovaquie cessa d'exister. Sa seule mention encourait une punition sévère, comme tout affichage de son drapeau aux coins blanc, rouge et bleu. Ma patrie fut quasi annexée au Troisième Reich, et proclamée protectorat de Bohême et Moravie.

Debout sur le trottoir de la place Wenceslas à Prague, comme des centaines de milliers d'autres, je regardai les larmes aux yeux défiler la monstrueuse procession des soldats allemands en Volkswagen et des officiers dans leur Mercédès-Benz (qui sont restées à peu près pareilles jusqu'aux années 1970). Le svastika, le staccato sec de la langue allemande, et la musique pompeuse que crachaient les haut-parleurs dans les rues prévalurent.

Les Allemands, spécialement les nazis, semblaient incroyablement organisés et extrêmement bien préparés. En l'espace de quarante-huit heures, toutes les désignations de rues, routes et stations furent remplacées par des panneaux bilingues. Le passage d'une circulation à gauche à une circulation à droite – qui était déjà en cours selon un plan quinquennal tchécoslovaque de transition graduelle – fut accompli en quarante-huit heures par les Allemands. Ils déferlèrent munis de panneaux indicateurs, relais et clignotants, inversant l'orientation des routes, tramways, trains et voies ferrées d'après le code routier britannique. Le plan allemand était d'une telle précision qu'il avait certainement été combiné par la « cinquième colonne ».

À cette époque, mon oncle Bedrich était de retour d'un voyage en automobile à l'étranger ; il n'en revenait pas : « La circulation a ralenti à un rythme d'escargot parce que tout le monde pense la même chose : nous conduisons du mauvais côté – tout est soudain à l'envers ou retourné. »

Les frontières tchécoslovaques restèrent ouvertes les quatre semaines suivantes. Les citoyens possédant passeports et visas valides en destination d'autres pays partirent. Par la suite, certains individus chanceux obtinrent des visas de sortie allemands et quittèrent. Les mesures anti-Juifs furent instituées presque tout de suite. La méthode restait fidèle à la forme établie et légale du Reich, mais ce qui allait prendre sept ans en Allemagne, fut ici exécuté en sept mois.

Les changements ne se firent pas tous d'un seul coup mais plutôt, de semaine en semaine, systématiquement, afin d'exterminer efficacement la population juive. Les comptes bancaires et les coffres-forts de tous les grands établissements juifs furent saisis sur-le-champ. Les Juifs furent dessaisis de leur profession, commerces ou patrimoines immobiliers. Tous les biens juifs de quelque valeur, commençant par les radios et les collections de monnaies ou de timbres et allant aux bijoux, antiquités, toiles, tapis ou fourrures, furent simplement confisqués.

Journal d'Eva

VENDREDI 28 NOVEMBRE 1939. *Il y a un moment, mon oncle L. est passé et m'a apporté ce beau journal incroyablement luxueux. En comparaison de mon petit carnet où jusqu'à présent je notais toutes mes pensées intimes, il est si incroyablement luxueux qu'il semble presque inconvenant de vouloir y écrire. Je sais que c'est infidèle de ma part, mais je déserte mon vieux carnet. Il est trop tentant, ce beau livre relié en soie brunâtre, au papier vélin fort parcheminé, et je n'ai pas envie de résister.*

Le cours de danse, samedi dernier, était très agréable, mais la semaine prochaine ce sera un vrai bal, et je vais porter ma première robe longue. Imaginez ! Ma première robe longue ! Elle est déjà accrochée dans la garde-robe ; elle est en tulle bleu pâle, avec une doublure en taffetas rose, et elle est tout simplement magnifique. Je n'arrive pas à y croire — je vais avoir une robe longue.

Mais là, tout de suite, à l'instant, une petite dispute vient d'éclater au foyer, la raison étant — rien du tout. C'est ce que j'appelle la bête futilité du monde : toujours se disputer, se disputer, se chamailler, et pour quoi ? En raison de quoi ? Pour rien, seulement pour rendre les autres misérables. Pourquoi les gens se font-ils ça ? J'aime la vie et je suis heureuse d'être vivante et, honnêtement, je n'aime pas les gens qui n'apprécient pas le simple fait d'être en vie. Je ne comprends pas. Mais il faut maintenant que je termine et que j'aille me coucher.

Encore une seule petite chose. Hier, c'était l'ouverture de la première école de danse juive à Prague, et mon amie Eva S. s'est inscrite. De même que George W., mais je n'irai qu'au bal et à la danse de clôture. Mon autre amie, Rose, et mon ami d'enfance, Milos, sont partis en Palestine ce soir à dix-huit heures trente. Qu'est-ce qui les attend là-bas ? Reverront-ils jamais Prague ? Mais ils y vont avec beaucoup d'enthousiasme ;

ils veulent vraiment œuvrer au développement de la Palestine et y consacrer toutes leurs forces et leurs habiletés. Je me demande seulement, est-ce la bonne décision ? Est-ce correct ? Samedi dernier, ma cousine Milada a épousé Ernst P. Il y a deux semaines, mon cousin George a perdu son emploi, sans possibilité d'en trouver un autre.

Aujourd'hui en classe, la maîtresse nous a demandé de présenter notre concept de l'école idéale. J'ai des idées bien précises : un grand immeuble clair, avec un grand jardin et de grandes salles de cours bien éclairées ; des cours tous les jours de neuf à cinq, et après, une heure d'éducation physique. Chaque classe serait constituée d'étudiants de force approximativement égale, de sorte qu'à l'intérieur de chacun des groupes, tous puissent progresser selon le meilleur de leurs propres capacités. Simultanément, chaque étudiant posséderait un sens de l'honneur absolu — ne jamais tricher ni mentir, et être capable d'admettre ses erreurs. Il y aurait des films au moins deux fois la semaine. Par exemple, notre école, qui est spécialisée en langues, présenterait des films étrangers dans les langues étudiées en classe. Le contenu expliquerait la géographie et l'histoire des pays où sont parlées ces langues. De cette manière, la langue étrangère ne serait plus aussi étrangère. Il serait beaucoup plus facile de l'apprendre si nous en savions un peu plus sur les gens qui la parlent. Ensuite, bien sûr, il y a la littérature. Dans notre école, les gens ne lisent pas assez. Il devrait être obligatoire de lire un livre par semaine, et de rédiger ensuite des comptes rendus en français ou en anglais, ou dans la langue étudiée à ce moment-là. Enfin, nos professeurs devraient nous traiter en égaux, avec plus de courtoisie, et non pas avec impolitesse, comme c'est souvent le cas.

JEUDI 14 DÉCEMBRE 1939. *Je suis seule à la maison, grandes chambres, grandes fenêtres, grand lit, grandes tables, et je suis si petite. Normalement, à cette heure-ci, je serais à me débarbouiller et me changer pour le dîner — mais il n'y a personne ici, et rien à faire, alors pourquoi me changerais-je? Ce sera bientôt Noël, mais j'ai du mal à me mettre dans l'ambiance. Cela me semble tout à fait impossible qu'arrive la veille de Noël sans qu'oncle Otto et mon oncle L. se trouvent là, autour de la table de salle à manger décorée de façon festive. Ou sans qu'ils se présentent avec leurs mystérieux paquets et déclenchent des discussions sans fin pour savoir si l'on ouvre les présents avant ou après dîner. Bien sûr, la décision est toujours : « avant le dîner ». Une fois le gros emballage brun défait, il y a des millions de petits paquets, soigneusement emballés dans du papier de soie blanc, chacun décoré d'une brindille verte. Qu'ai-je reçu l'an dernier? Je me rappelle — c'était un livre. J'étais un peu déçue parce que je le trouvais trop enfantin pour moi. À ce stade, je lisais déjà de la littérature, ou du moins ce que je considérais comme de la littérature : des romans. Ensuite j'ai reçu une magnifique édition de poèmes tchèques classiques,* que j'ai aimée, et mon père m'a offert un beau porte-monnaie de cuir avec cent couronnes à l'intérieur, et lui-même a reçu les habituelles quatre cravates, qu'il a fait semblant d'aimer, et un agenda en cuir pour ses rendez-vous de l'année. Ma mère a reçu un chandail, ou une veste, ou un bijou, et enfin nous avons mangé. C'était charmant. C'est toujours la même chose, tout en étant un petit peu différent parce que je suis chaque année un peu plus grande, que j'apprécie davantage, et parce qu'il m'est permis de veiller plus tard. Nous avons eu un dîner très festif, puis nous avons bu du thé avec des biscuits de Noël, et du vin, et vers vingt-trois heures tout le monde s'est dit bonsoir et chacun est rentré chez soi. C'est pareil chaque année, mais, j'imagine, parce que c'est pareil, cela symbolise pour moi la poésie de Noël, qui est universelle.

Cette année, je suis seule à la maison, dans cet immense appartement, et cela me plaît. Tante Elsie, et toutes mes tantes d'ailleurs, ne comprennent pas que je puisse et veuille rester ici. Elles ne cessent pas de me harceler pour que je déménage chez elles, mais je n'en ai pas envie. Et personne ne m'y forcera. C'est tellement étrange ici — je regarde les robes de ma mère encore imprégnées de l'odeur de son parfum ; je regarde ses chapeaux et ses sacs et ses chaussures, et je fais comme si elle allait bientôt ouvrir la porte, entrer, et me gronder : « Mais Eva, tu n'y vois plus ! Va dans ta chambre et fais de la lumière, sinon tu vas t'abîmer les yeux. » Et je répondrais : « Vas-tu retrouver tante Irène ? Ah ! maman ! Mais elle est toujours en retard et tu arrives toujours trop tôt. » Et maman dirait : « As-tu déjà vu Irène arriver à l'heure ? » et nous ririons ensemble — c'est merveilleux, l'imagination que j'ai.

Tante Elsie ne comprend pas pourquoi je refuse de m'installer chez elle, et, pour être parfaitement honnête, je ne le sais pas moi-même — pourquoi je tiens à rester seule à la maison. Je me sens mieux ici avec Maria. Après tout, j'ai toujours vécu ici, alors pourquoi devrais-je déménager ? Parfois, quand je regarde les livres sur le bureau de maman, une douleur vive me traverse le corps jusqu'au bout des orteils, et s'installe pour finir en un gros nœud dans mon ventre. Je sais que j'ai peur, mais j'ai très peu pleuré. Les larmes me montent aux yeux, mais elles refusent de couler. Sûrement qu'elles sont toujours là — j'ai les yeux et les paupières enflés —, mais je n'arrive pas à pleurer.

Hier tante Elsie et tante Irène sont passées nous voir, Maria et moi. Elles ont vraiment tenté de me convaincre de déménager chez tante Elsie, mais heureusement, Maria a servi le thé au bon moment. Mes tantes ont toutes deux complètement oublié le sujet et se sont mises à parler longuement des ennuis de mes parents et d'oncle Otto, et Irène s'est exprimée avec une certaine sagesse. Elle a parlé de sa fille, ma cousine Hannah, assise chez elle à repriser des chaussettes, de la femme de l'épicier qui a réussi à trouver à la campagne des œufs en abondance, mais refuse de lui en vendre, du rationnement des vêtements, de la difficulté d'élever des enfants dans le monde d'aujourd'hui, et de tout le reste. Elles sont enfin parties, comprenant qu'il était tout à fait futile d'essayer de me faire changer d'avis. Tout ce que je sais, c'est qu'elles ont engouffré des plateaux complets de nos meilleurs biscuits, mais je crois que cela en valait la peine, car elles ont enfin cessé d'argumenter avec moi.

LUNDI 18 DÉCEMBRE 1939. *L'appartement est si tristement vide et dehors il neige mollement, tout doucement. Peut-être que ma maman quelque part regarde les flocons de neige et leur murmure (où qu'elle se trouve, est-elle capable de parler ou de murmurer ? Je n'en sais vraiment rien) des mots bienveillants et doux pour dire à sa petite fille combien elle lui manque, combien elle espère qu'elle se porte bien et qu'elle s'en sort. Et la petite fille s'efforce de vivre sans désespérer, mais toutes ces choses sont tellement, tellement difficiles qu'elle ne sait pas combien de temps elle arrivera à se débrouiller toute seule. Et les petites étoiles volent dans l'air, et peut-être que papa les regarde lui aussi, et qu'il pense à moi, sa fille. Est-elle raisonnable ? Fait-elle des bêtises ? Et maman, papa et leur fille espèrent tous les trois la même chose : être de nouveau ensemble.*

Maman et papa, je m'efforce très fort d'être brave ; tout le monde croit que j'y arrive... peut-être même qu'ils pensent que je suis trop calme ou sans-cœur. Mais vous, qui me connaissez depuis mon tout premier souffle, vous savez certainement que je me lève en pleine nuit, que je compte les minutes et les heures, que je me tourne et retourne, sans pouvoir dormir du tout ; les yeux me brûlent et me font mal, les rideaux blancs luisent dans le noir, et tout me blesse, et la douleur est pénible et lancinante à cause d'une seule et unique pensée : au matin je devrai me lever avec cet horrible mal de tête et cette terrible nostalgie. C'est parfois très difficile d'être raisonnable. « Tu es une grande fille maintenant, Eva, il faut que tu comprennes », me dit tout le monde. Mais qu'y a-t-il à comprendre ? Que devrais-je comprendre ? La grande fille ne désire qu'une chose : le réconfort de ses parents, et elle sait qu'il ne viendra pas. Je voudrais pouvoir en parler. Si je n'arrive pas à dormir, peut-être que je lirai et lirai, et noierai tout dans la lecture, et je penserai aux gens dont le chagrin est plus grand que le mien, et alors j'essaierai, j'essaierai vraiment de dormir, et de ne plus penser. Mais aussi fort que je le souhaite, cela ne se passe pas ainsi.

25 DÉCEMBRE 1939. *Maria et moi avons décidé hier soir de nous organiser une veillée de Noël. Nous avons bu du thé et mangé des petits biscuits de Noël que Maria a faits. Madame B. (la voisine d'oncle Otto) est venue nous visiter quelques minutes. Il y avait de nouveau des « visiteurs » chez l'oncle Otto et ils lui ont dit que maman reviendra à la maison après Noël, mais je n'ose plus espérer. Ce serait si merveilleux de revenir de l'école pour trouver la salle de séjour bien chaude, et maman assise dans le noir près du grand poêle. J'ouvrirais la porte, et il n'y aurait personne,*

seulement ma mère et moi et je... mais assez de ces rêveries ridicules — cela ne sert à rien. Pour Noël, mon amie Janey m'a offert un beau rouge à lèvres, et Maria, des chaussettes. C'était très généreux de leur part, mais la seule chose que je désire vraiment, c'est que mes parents soient de nouveau chez nous.

Ruda

Je commençai à étudier l'anglais avec un réfugié juif-allemand, qui attendait un visa américain depuis plusieurs années à Prague. Heureusement pour lui, il l'obtint dans les mois qui suivirent. Pendant ce temps, avec son aide, je m'efforçai de maîtriser les six cents mots du vocabulaire de base anglais, de sorte que je puisse au moins me faire comprendre.

Je n'eus que pour une brève période le droit de fréquenter mon école, un « gymnase » (une école secondaire se terminant en treizième), après quoi je dus me joindre à la population active pour les besoins du Reich. Mon père, qui était cadre dans une compagnie minière de charbon, perdit son emploi lorsque sa boîte se fit à son tour « aryaniser ». Je trouvais extrêmement injustes le dédale des mesures anti-Juifs, les absurdes restrictions des divers privilèges civiques, notre incapacité d'acheter à peu près tout, mon renvoi de l'école, et le couvre-feu général pour les Juifs, pourtant j'étais prêt à les accepter en châtiment de mon indécision et de celle de mes parents. Nous n'avions pas fait tout ce qui était en notre pouvoir pour nous protéger — nous n'étions pas partis à temps. Avec un espoir naïf, j'écoutais clandestinement la radio dont la possession était interdite (les radios furent parmi les premiers biens réquisitionnés par les nazis). Malgré les annonces des victoires nazies à la radio allemande et dans une presse collaborationniste fasciste de plus en plus agressive, je croyais que les forces alliées mettraient en pièces le présomptueux caporal et ses armées.

Pendant quelque temps, je travaillai dans une usine d'optique, et je m'apprêtais à changer pour une formation d'infirmier, lorsque le couperet tomba. Premièrement, les deux tiers des Juifs furent évincés de chez eux et se relogèrent dans les familles qui avaient le privilège temporaire de garder leur maison. Trois autres familles emménagèrent chez nous, augmentant à dix le nombre de personnes dans la maison. Nous ne connaissions que deux des sept nouveaux locataires — le fils d'un de nos vieux amis de la campagne où vivaient autrefois mes grands-parents, et sa femme. Les deux autres familles étaient des réfugiés d'Allemagne — l'une de Leipzig, l'autre de Berlin. Même avec nos manières les plus polies et les plus civilisées, il y eut d'occasionnelles et inévitables frictions, car il n'y avait qu'une seule salle de bain et une cuisine, où le jeune couple dormait aussi. Les deux familles allemandes partirent avec le deuxième transport hors de Prague en 1940 et on n'en entendit plus jamais parler. Le jeune couple partit en 1941. Ils ne survécurent à la guerre que pour mourir du cancer dans les dix années qui suivirent.

DIMANCHE 7 JANVIER 1940. *J'ai passé l'après-midi chez mon amie, et c'était très agréable — très amusant même. Ils forment une grande famille heureuse, et ils sont tous ensemble. Jane m'a raccompagnée en marchant et nous avons discuté des valeurs, surtout de notre sens personnel des valeurs. Lorsqu'on a le cafard, on envie les autres ; personnellement, j'envie vraiment les autres filles qui sont plus jolies que moi et semblent plus heureuses. Il n'y a personne qui se soucie vraiment de moi ou de ce qui me touche. Mais ce sentiment se dissipe aussitôt que survient quelque chose de plaisant et j'oublie tout le reste pour un moment, ou quelques jours, jusqu'à ce que j'y repense et que recommencent les montagnes russes. Cela peut être très déplaisant. Cela doit s'arrêter, et je dois y mettre un frein ; personne ne peut le faire à ma place, surtout maintenant. Je dois reconnaître ou plutôt, je dois être très sûre de ma valeur personnelle, de mon propre sens des valeurs, autrement il se pourrait bien que je succombe aux slogans, et que je commence même à y croire. Ce serait terrible, parce que tous ces slogans s'attachent à saper l'estime de soi, la valeur personnelle, et cela ne doit pas m'arriver, jamais. Demain je retourne à l'école, et je ne peux même pas dire si j'ai hâte ou non. Demain je suis aussi* invitée chez ma tante Olga pour déjeuner. « La petite Eva », le projet de charité préféré de la famille Stein !

MARDI 13 FÉVRIER 1940. *Ma mère est revenue. Samedi après-midi, un de ses frères aînés l'a ramenée à la maison, et elle était assise-là, à boire du thé, comme je l'avais rêvé, près du poêle en faïence verte. Minuscule, flétrie, les cheveux maintenant complètement blancs (bien qu'elle n'ait que quarante-quatre ans), et pas très cohérente, elle restait blottie contre le grand poêle chaud et pleurait en silence. Que lui ont-ils fait ? Si je lui demande, elle me fixe sans répondre. Elle me serre dans ses bras, mais son cœur n'y est pas. Elle m'écoute parler de l'école, mais elle ne s'y intéresse plus, ou peut-être cela n'a-t-il aucun sens pour elle. Mon père et mon oncle ont été transférés dans une autre prison qui comprend une section « non aryenne ». J'imagine que nous devrons maintenant tous apprendre un vocabulaire complètement nouveau. Maria a dû nous quitter ; les Juifs n'ont plus le droit d'avoir des serviteurs. Elle et moi avons pleuré comme des Madeleines, mais cela n'y a rien changé. À présent, j'essaie de me débrouiller et de tenir le coup du mieux que je peux. Maman, quant à elle, n'y arrive tout simplement pas.*

25 FÉVRIER 1940. *Il y avait du printemps dans l'air aujourd'hui. C'est étrange, parce que toute la semaine il a gelé, il a même neigé un peu, mais aujourd'hui le soleil a décidé de briller sur Prague. La neige a disparu de tous les toits, et la glace s'est rompue sur la Moldau.*

Je sais qu'il y aura encore bien des jours d'hiver sombres et brumeux, mais en ce beau dimanche ensoleillé enchanteur, j'ai senti que le printemps était au détour — j'en ai humé l'odeur. J'aimerais quitter mon manteau d'hiver, enfiler une robe légère et courir dans la campagne à travers les prés, jusqu'à la lisière des bois et chanter et crier, ou simplement respirer la bonne chaleur. Je rêve de prendre la terre froide dans mes mains, de l'émietter, et d'humer sa fraîcheur moite, et de m'agenouiller ensuite pour chercher parmi les tertres encore gelés les petites fleurs blanches, les minuscules étendards du printemps, les premières perce-neiges. Les petits nuages blancs bouillonnants se pourchassent dans un ciel bleu sans fin, si propre et si pur, et la tête me tourne parce que ce sera bientôt le printemps. Les bois ondoient, les grands arbres frémissent, et une rafale de vent glacé me secoue. Puis le silence règne de nouveau, et seule une douce brise tiède soulève ma jupe et mes cheveux. La brise vole comme je cours, je cours avec la toute petite minuscule perce-neige dans ma paume. Ne t'inquiète pas, ma petite fleur, je ne laisserai aucun mal t'arriver !

Le soleil se transforme en une grosse boule de feu et disparaît derrière le bois. Je voudrais grimper dans le plus grand arbre, toucher cette boule et lui dire bien poliment : « Merci, cher soleil, pour cette journée délicieuse. » Mais les nuages blancs deviennent gris, les champs et les prés ont perdu leur couleur dorée. Les arbres se dressent fiers, frais, et majestueux. Puis soudain, il est temps de retourner à la maison. Mon humeur printanière s'éteint rapidement et je dois de nouveau regarder la réalité en face. Je ne dois pas oublier que la mort existe.

Le printemps et la mort, le commencement et la fin. La semaine dernière, le plus âgé des frères de ma mère, mon oncle Vitezslav, est mort dans le camp de concentration d'Oranienburg. Je ne me souviens pas vraiment quand je l'ai vu pour la dernière fois, mais je le vois tout à fait nettement en face de moi : un homme pas très grand et svelte, avec une épaisse moustache noire, toujours souriant et toujours amical. Il parlait magnifiquement le tchèque, si clairement et précisément ; il n'employait jamais de jargon, et pourtant il n'avait jamais l'air affecté. J'ai toujours admiré sa façon de parler, et en ce moment je souhaiterais avoir son aisance à manier les mots pour écrire un éloge funèbre digne de lui. Mais mon vocabulaire reste très limité ; je dois y penser pour trouver la bonne expression ; je ne pourrais jamais lui rendre justice. Si la vie permet que je grandisse, je développerai peut-être mon langage ; je rédigerai alors la chronique de la famille de ma mère, et je lui rendrai alors son dû légitime.

Encore autres choses. J'ai rompu avec George, même s'il affirmait qu'il m'aimerait pour toujours. Mon amie Eva S. m'a téléphoné hier soir et m'a mise en garde, parce qu'il lui avait dit qu'il se saoulerait à cause de moi. Je me suis donc installée pour lui écrire une longue lettre remplie de bons conseils. Dans l'ensemble, je lui ai parlé des temps incertains, de l'avenir précaire et de l'absurdité de s'engager en pareilles circonstances. Et enfin, je lui ai dit de m'oublier. J'espère qu'il m'écoutera, parce que je n'éprouve rien pour lui — je n'éprouve vraiment rien du tout pour lui. J'espère qu'il ne sera pas trop malheureux, car selon Eva, il m'aime terriblement.

Qu'est-ce que l'amour ? Existe-t-il véritablement ? Je ne sais pas ; je crois qu'il n'existe que dans les livres ou dans l'imagination des gens. Enfin bon, je changerai peut-être d'idée sur tout cela un jour, mais présentement je ne sais pas du tout ce que c'est ; mes amis aiment dire « pour toujours », ils en discutent en long et en large, mais cela ne veut tout simplement rien dire pour moi.

DIMANCHE 3 MARS 1940. *Ma mère se remet lentement, et nous nous débrouillons du mieux que nous pouvons. Il y a peu de nouvelles de mon père ou d'oncle Otto, et par moments l'incertitude est tout à fait insupportable. C'est difficile pour moi de lui montrer mon inquiétude, de lui demander ce qui lui est arrivé — c'est-à-dire à ma mère —, car elle cesse immédiatement d'en parler, ou de parler tout court, et prend un air absent, et cela m'effraie. Je m'efforce de rester de bonne humeur et de faire mes devoirs parce que je me rends parfaitement compte que mes jours d'études s'achèvent, pour l'instant du moins. Il reste toujours l'avenir. Le cauchemar finira peut-être un jour, et je pourrai alors poursuivre, puis terminer, ensuite aller à l'université, et plus tard à Genève, à l'École internationale de journalisme. C'est* ce que j'ai toujours voulu faire, depuis que j'ai dix ans. Est-il encore possible de fréquenter ce genre d'écoles aujourd'hui? En existe-t-il toujours? Et vu ce drôle de monde, me prendraient-ils? En tout cas, c'est une idée tellement lointaine qu'il est inutile de m'en faire à ce sujet pour l'instant; attendons de voir ce qui va se passer.

Hier j'étais terriblement déprimée. Je me sentais affreuse, malheureuse, laide, et je broyais du noir. Je refuse toutes les sorties avec des garçons parce que ceux qui me le demandent sont d'habitude terriblement stupides, ou du moins, c'est ainsi qu'ils me semblent: bêtes et sans éducation. Et les garçons qui sont intelligents ne s'intéressent pas vraiment à moi. Je ne suis pas particulièrement brillante, mais je vois bien qu'aucun des garçons qui m'intéresseraient n'a envie de discuter de littérature française classique avec moi, ce qui m'a l'air d'être la seule chose que j'étudie en ce moment; et je suis certaine que personne ne me demandera jamais de parler français ou anglais avec eux. Pourquoi le feraient-ils? Nous parlons tous tchèque ensemble de toute façon.

J'ai pour défaut principal de m'attarder sur tout. Je réfléchis trop à tout — cela ne me mènera jamais nulle part. Je le sais. Il y a des jours où j'ai l'impression d'être la fille la plus stupide et la plus laide qui ait jamais existé. Par contre, parmi mes amies je ne connais personne, vraiment personne, dont le père soit resté en prison plus de trois mois, et dont la mère ait changé au point qu'on ne la reconnaît plus et qu'elle est devenue une personne complètement différente de ce qu'elle était il y a quelques mois. Je ne m'en sors plus, et de toute façon, tout est bête et futile, rien ni personne n'est plus stupide que moi. Tout ce que je peux faire de bon, c'est d'interrompre cette confession idiote et aller me coucher.

JEUDI 21 MARS 1940. Je ne sais vraiment pas comment décrire cela. Je ne peux que me comparer à un animal mortellement blessé. Je voudrais seulement disparaître dans un trou de souris et tout oublier. C'est qu'hier, j'ai vu mon père. Je suis restée trois heures au coin de la rue Perlova, en face du local de la Gestapo de Prague. Il pleuvait très doucement. Vers cinq heures et demie, il est sorti, son chapeau à la main, extrêmement pâle à l'exception d'énormes ecchymoses au visage, les yeux injectés de sang, et à cause de son aspect, j'en ai oublié toute prudence. J'ai couru à lui et seulement à ce moment ai-je vu oncle Otto derrière lui. Ils étaient menottés ensemble, et des hommes en civil, grands, plutôt jeunes, les encadraient. Mon père s'est penché et m'a embrassée, il m'a dit : « Prends soin de ta mère. » Mon oncle a voulu me sourire, et alors les Allemands se sont mis à hurler (je les entends toujours) : « Arrêtez ! Arrêtez ! À qui est cette enfant ? Éloignez-la d'ici ! » et la grosse Mercédès noire qui s'approchait a ralenti au tournant, ils ont tous les deux été poussés à l'intérieur, et emmenés. Il pleuvait maintenant à verse, mais je suis restée là immobile ; je n'arrivais ni à bouger ni à comprendre (je ne comprends toujours pas) ce qui s'était passé pendant ces quelques minutes. C'était l'heure de pointe à Prague : au cœur de la ville, des tramways, des autos, des boutiques, des gens — la vie de la métropole en entier filait précipitamment — qui refusaient de voir, refusaient de s'impliquer le moindrement en nous jetant ne serait-ce qu'un simple coup d'œil. Et je suis demeurée sur ce coin de rue passant, incapable de bouger. Et j'ai regardé la grosse limousine disparaître dans la circulation. Je suis rentrée à pied, lentement, et j'ai essayé d'imaginer comment ils s'étaient sentis tous les deux, ainsi molestés, et à l'ironie de se faire ramener à une horrible prison dans cette luxueuse voiture. Qu'allons-nous faire ? Que nous arrivera-t-il ?

Ruda

Un nouveau décret requérait que les Juifs portent une étoile de David jaune avec l'inscription *Jude* dans un lettrage de style hébreu (nos cartes d'identité étaient déjà tamponnées de la sorte). Elle devait être cousue sur le côté extérieur gauche des vêtements que l'on portait. Équipé du résultat de ce que je considérais comme un ordre dément, je m'aventurai dans la rue. Les gens me fixaient et faisaient semblant de ne rien remarquer (l'attitude habituelle des Tchécoslovaques). Mais en moins de cinq minutes, littéralement avant que j'atteigne le coin de la rue, un de mes anciens collègues de classe – qui avait été expulsé de l'école parce qu'il se bagarrait

— m'avait craché dessus et deux autres hommes m'avaient ordonné de descendre du trottoir et de marcher dans la rue ainsi que devait le faire un sale Juif. Je fis demi-tour et je revins à la maison, écœuré et ruminant, dans un état d'incrédulité totale. Je m'affalai sur le divan, qui à ce moment-là me servait de lit, pour panser mes blessures. Quelque chose en moi se brisa soudain et la brutale réalité m'apparut : le sentiment patriotique de mon père et par conséquent son dévouement aveugle étaient erronés. Visiblement, j'étais d'abord Juif, ensuite, sans doute, à certains moments, Tchèque aussi.

Ce qui se passait en moi et dans le monde me mettait dans une rage folle qui exigeait que je passe à l'action. J'envisageai sérieusement de fuir — n'importe où —, mais il m'apparut que je ne pouvais pas le faire sans papiers ni mettre en même temps mes parents en danger. Il restait cependant un autre moyen de sortir de Prague. Je me faufilai donc à travers la moitié de la ville, jusqu'à la vieille partie, le ghetto juif d'origine médiévale, et jusqu'au centre de l'organisation sioniste, à laquelle je me joignis. Ils organisaient des transports clandestins en Palestine, que les nazis autorisaient encore. En premier, toute cette histoire me sembla illogique, mais j'en découvris petit à petit l'explication : depuis leur arrivée au pouvoir, les nazis appuyaient de façon indirecte l'objectif sioniste de faire sortir d'Europe les Juifs. Ainsi, la division spéciale des S.S. pour la solution de la question juive (un corps d'élite des troupes d'assaut) connaissait les dirigeants officiels sionistes et coopérait même avec eux dans une certaine mesure, en autorisant les passages en Palestine, qu'ils fussent légaux ou clandestins.

Journal d'Eva

LUNDI 1ER AVRIL 1940. *C'est le printemps. Mon père est toujours en prison ; mon oncle aussi. Ma mère va beaucoup mieux. J'étudie très fort, car j'ai la certitude que mes jours à l'école sont comptés. En plus de tout le reste, j'ai commencé l'italien, mais je ne sais pas si je pourrai terminer quoi que ce soit.*

Tout le monde apprend l'Ivrit (l'hébreu) maintenant, mais je ne peux tout simplement pas m'imaginer en Palestine. Je ne veux pas travailler aux champs et renoncer à tout pour le bien commun. Ma patrie se trouve ici, à Prague ; je suis une Tchèque, pas une ressortissante juive. En Palestine, il faudrait que je travaille pour le bien commun et que j'abandonne toutes mes aspirations personnelles, et je ne crois pas que j'en serais capable.

J'adore faire semblant. Je peux bâtir durant des heures des châteaux en Espagne magnifiques et inaccessibles. Mais dans la réalité future, dans mon avenir, j'espère que ma vie sera remplie d'un bon travail, d'un travail que j'aime, et que dans cette vie utopique, je serai entourée d'un cercle d'amis qui apprécient autant que moi les livres et toutes les choses littéraires, le théâtre, et la musique. Je rêve peut-être, mais ne serait-il pas merveilleux si, même maintenant, les gens pouvaient s'unir malgré leurs différences et oublier pour toujours la guerre et le rationnement, et les prisons (on parle actuellement de relocalisations forcées, ou déportations, peu importe le nom). Au fond, nous sommes tous citoyens du vingtième siècle. Nous assistons à une immense destruction causée d'une certaine manière par le progrès de la science et de l'industrie — par exemple, les avions et les bombes. Aujourd'hui, quand les gens se rencontrent, la discussion tourne inévitablement autour de la guerre, des nouvelles lois et des règlements qui sont continuellement ajoutés, des avantages de l'heure d'été, introduite la semaine dernière, et la conversation revient alors invariablement aux nouvelles de la guerre.

On nous catapulte vers une effroyable fin. Je le crois vraiment, mais personne n'a l'air de s'en soucier. Nous sommes tous résignés à l'idée de ne pas pouvoir l'empêcher. J'ai le sentiment que nous sommes de simples pions avec lesquels quelqu'un quelque part joue une partie mortelle. Quel sera le résultat ?

Ruda

À cette époque, beaucoup d'autres se joignirent comme moi au mouvement de jeunesse sioniste. Nous savions qu'il nous fallait apprendre rapidement l'hébreu et un peu d'anglais — les ordres militaires, tout au moins —, car on nous préparait en vue d'un départ imminent vers une banlieue de Vienne, à bord d'un chaland houiller branlant, d'habitude acheté ou loué aux Roumains, et payé avec les recettes des biens juifs saisis. Nous serions environ mille jeunes de moins de dix-huit ans, et cinq cents personnes de plus de soixante-cinq ans. Le chaland devait descendre le Danude, à travers la Hongrie et la Roumanie (malgré la guerre en cours), franchir la mer Noire (si les Russes le permettaient), passer le Bosphore et les Dardanelles (si les Turcs le permettaient), pour ensuite louvoyer entre les îles de la mer Égée (si les Grecs le permettaient) ; puis, quelque part sur la mer Méditerranée entre la Crète, Rhodes et Chypre, nous serions repérés et suivis par les navires de la flotte britannique.

Dans le dernier mile avant la côte de la Palestine, les Britanniques nous lanceraient l'avertissement ferme de ne pas tenter d'accoster sous peine d'être coulés (ce qu'ils firent de nombreuses fois). Mais nous devions nous y risquer quand même, et être prêts à nager et voir à ce que tout le monde atteigne le rivage. Une fois là, les membres des divers kibboutzim locaux se mêleraient à nous, et nous fourniraient de faux papiers, ainsi lorsque les autorités mandataires britanniques, la police militaire, tenteraient de nous regrouper pour l'interrogation et le transport de retour, nous pourrions prétendre, vu notre préparation rudimentaire, que nous étions des résidents légitimes habitant là depuis un certain temps.

Le désenchantement envers à mes idéaux tchèques, la dégradation croissante, et une appréhension rationnelle du pire m'incitèrent à embrasser cette nouvelle idéologie. Il s'avérait désirable de vivre à l'intérieur d'une nation juive, dans un État juif avec sa propre langue, où l'autodétermination pourrait enfin être mise en œuvre. Ma situation à l'époque me porta à faire fi de tout obstacle décourageant. J'appris rapidement l'hébreu moderne, fis la connaissance de tous les gens liés à cette entreprise, et me préparai au départ immédiat. Mais le dernier bateau clandestin en direction des rivages de la Palestine prenait son départ au moment où je me joignis aux sionistes ; aucun autre ne fut autorisé à partir. Je manquai littéralement le bateau. Pour la première fois de ma vie, j'étais pleinement conscient de m'y être pris trop tard pour m'occuper d'affaires décisives quant à mon avenir. Le sentiment affligeant de mon inexpérience m'envahit alors, mais chose curieuse, il ne s'y rattachait aucune tristesse ni ressentiment, car je pouvais envisager d'engager mes idéaux sociaux chancelants dans une nouvelle voie – et donner ainsi un sens et une utilité à ma vie, ce qui est important pour toute jeune personne.

Journal d'Eva

JEUDI 25 AVRIL 1940. *Aujourd'hui, c'était un jour très heureux. Mon oncle Otto est revenu de prison. Je sens que notre situation, celle de maman et la mienne,* tourne enfin au mieux. Dans l'après-midi, je me suis rendue au El-Al (mouvement juif de jeunesse sioniste). C'est plus fort que moi — j'ai complètement changé d'opinion. Je suis maintenant une fervente sioniste. Mon patriotisme tchèque s'est envolé ; le sionisme me semble l'unique solution de nos problèmes actuels. Et n'ayons pas peur des mots, non seulement de nos problèmes, mais aussi de notre malheur.

Le 2 avril marque le jour où notre chance a tourné. Cet après-midi-là, je suis allée au El-Al pour la première fois, et je me suis tout de suite sentie à mon aise à cet endroit, comblée comme je ne l'ai pas été depuis le début de la guerre. Mais par la suite, le 8 avril pour être précise, ma maman et moi avons sombré dans le découragement. Nous n'avions aucun signe, aucune nouvelle de nos chers prisonniers ; personne ne pouvait nous renseigner, et nous en étions profondément démoralisées.

Mais le 9 avril, je suis allée au El-Al, où j'ai passé l'après-midi ; j'ai rencontré un gars et je me suis bien amusée. Il m'a paru gentil et intéressé à moi. J'étais de bonne humeur, et pour une raison ou pour une autre, plus heureuse. Ensuite, quand je suis arrivée à la maison — surprise ! Mon oncle Otto était là, un peu amaigri, tout à fait sourd, mais néanmoins en vie. Nous avons bon espoir que papa arrivera d'un jour à l'autre. Ma mère s'est complètement transformée. Elle est de nouveau elle-même — plus tendre, plus communicative. Toujours est-il qu'avec un peu de chance, mon père sera bientôt de retour.

Dimanche je suis allée en randonnée avec le groupe du El-Al. Toute la journée, samedi, sans trop savoir pourquoi, je n'ai pensé qu'à cette sortie. Mais mon rêve, ou devrais-je dire plutôt, mon attente, mon souhait, s'est réalisé. Je sais que je dois sembler tout à fait incohérente, mais au moins je me comprends. Ruda et moi sortons ensemble depuis dimanche dernier, et je crois sincèrement et absolument que j'ai eu le coup de foudre pour lui. J'ai cessé de broyer du noir, de me prendre trop au sérieux, de me déchirer constamment, et je suis carrément complètement en amour. Je me sens bien dans ma peau. Je ne savais pas qu'on pouvait se sentir aussi bien. Peut-être cela va-t-il durer, mais même si cela ne dure pas, je suis reconnaissante de chaque minute où je me sens vivante.

Ruda

Je rencontrai une belle jeune fille parmi le groupe des jeunes sionistes. Elle s'appelait Eva, et son père avait déjà été emprisonné par les nazis. Elle avait dû, elle aussi, cesser l'école, mais elle poursuivait son étude des langues : en plus du tchèque et de l'allemand, elle apprenait le français et l'anglais. Après une brève expérience comme couturière, elle avait suivi une formation d'infirmière puéricultrice. L'amour nouveau flambe peut-être avec intensité, mais il est rare qu'il dure. Cependant, notre relation se fondait visiblement sur d'importantes similarités : familles du même milieu ; perte des

idéaux, puis quête d'une nouvelle identité condui-
sant à l'apparition soudaine de nouveaux idéaux ;
terrible peur primordiale et anticipatoire face à
l'avenir ; les affres habituelles de l'adolescence,
combinées à un instinct de conservation déjà
mature ; et, bien entendu, la biochimie de l'amour.
Tout cela formait la ligne de fond de ce qui, avec le
temps, deviendrait un lien exclusif et, d'une
manière ou d'une autre, indestructible : plus le
monde extérieur se montrait cruel, avec toutes les
nouvelles mesures anti-Juifs déshumanisantes et
la pression croissante, plus nous étions persuadés
que « rien n'arriverait tant et autant que nous restions ensemble ».

Journal d'Eva

LUNDI 6 MAI 1940. *La juridiction du cas de mon*
père a été transférée au Protectorat — en d'autres mots,
aux tribunaux tchécoslovaques. Mais, il n'a pas encore
été convoqué. Nous ne pensons pas qu'il soit même au
courant du changement de lieu, dont tout le monde
s'accorde à dire que c'est bon signe. Je sais très bien
que papa doit souffrir et que seul le rêve de revenir à
la maison un jour le garde en vie. Mais cela n'en finit
plus. Nous avions grands espoirs qu'une fois rendues
aux tribunaux tchécoslovaques, les procédures allaient
se dérouler rapidement, mais rien n'a l'air de se passer.
Personne ne peut nous aider ; nous sommes de plus en
plus découragées.

LUNDI 13 MAI 1940. *Ma vie a complètement changé. Après avoir réfléchi très sérieusement toute la semaine dernière, j'ai finalement décidé que le sionisme est pour moi la seule voie juste. Je sais que cela va à l'encontre des croyances de ma famille au grand complet, mais je n'y peux rien, et je suis prête à tous les sacrifices pour atteindre mon objectif d'aller en Palestine.*

Hier notre groupe en entier a encore fait une randonnée. Nous étions trente, garçon et filles ; tout le monde est resté deux jours parce que c'était le congé de la Pentecôte ; seulement, je devais revenir à Prague hier soir. C'était merveilleux de marcher à travers les bois, chanter ou simplement parler et partager les repas ; de faire partie d'un groupe où tous savaient qu'ils pouvaient se fier les uns aux autres. D'une manière ou d'une autre, je me savais à ma place. Je les appréciais tous, et ils m'appréciaient aussi, et j'étais enfin vraiment heureuse.

Dans la soirée, ils m'ont accompagnée à la station de train. Ils allaient tous dormir dans une grosse grange sur une ferme ; ma mère ne voulait pas que j'y passe la nuit, ils ont donc attendu avec moi le train qui ramenait à Prague. Je saurai demain comment s'est passé le reste du voyage, car je rencontre Ruda après l'école. C'était un si beau dimanche, si différent, si intéressant, si bien rempli. À présent, je devrais probablement tenter de me débarrasser de mes nombreux complexes, mais il y a bien sûr papa, et je ne sais pas comment nous le ferons relâcher.

MERCREDI 15 MAI 1940. *Hier après-midi, papa est revenu à la maison. Il était en prison depuis le 2 décembre 1939, en isolement durant les quatre-vingt-six premiers jours, ensuite dans un quartier de prison ; il a perdu dix-sept kilos. Autrement, il a tout à fait l'air en santé et plein d'entrain, Dieu merci !*

SAMEDI 17 AOÛT 1940. *J'ai passé quelques semaines très agréables à la campagne. Notre groupe au complet était à R., un petit village où l'on nous a permis d'aider à la récolte. En récompense de notre travail, les fermiers nous ont laissés vivre et dormir dans une grange qu'ils n'utilisent pas. Ils nous ont donné du pain, du lait, des pommes de terre, et parfois même quelques œufs et un peu de beurre. Dans un sens, je ne veux pas trop en parler ; je n'ai qu'une chose à dire — si jamais c'est possible d'être heureux pendant cette incompréhensible époque, alors je suis heureuse. Très heureuse, en fait. Je grandis, à la fois physiquement et moralement. Je me sens plus assurée et plus sereine, et je crois que je commence à comprendre le sens de la vie.*

Tous les mouvements de jeunesse sont bannis et tous les Juifs doivent porter en tout temps l'étoile de David. Nous ne pouvons plus aller à l'école, ni au cinéma, au théâtre, ni au parc ; nous ne pouvons pas quitter Prague, et ne pouvons prendre le train qu'avec des permis spéciaux donnés d'habitude aux gens de plus de dix-sept ans qui triment aux durs travaux de la ferme en préparation de l'émigration en Palestine, que les Allemands ont l'air d'encourager. Un couvre-feu à huit heures a été imposé. Notre groupe se rencontre quand même ; d'ordinaire quelques-uns d'entre nous se retrouvent dans l'appartement d'un membre du groupe le samedi après-midi, et nous avons des discussions sans fin sur beaucoup de sujets. Nous lisons, nous étudions l'Ivrit, ce qui est de nouveau permis par les autorités, et nous ne nous ennuyons jamais.

Ruda et moi nous voyons tous les jours ; il est infirmier à l'hôpital juif et je travaille au jardin d'enfants juif – je serai peut-être bientôt transférée à l'orphelinat du foyer des enfants. Ces deux endroits hébergent les enfants très jeunes, ou orphelins depuis peu, tous pupilles de la communauté juive de Prague. Les Allemands leur ont attribué deux appartements assez grands. J'aime ces enfants ; ils ont tellement l'air effaré, pourtant si nous jouons ou chantons avec eux, ou si nous leur lisons des contes, ils oublient, ils rient et chahutent, comme tous les autres enfants partout ailleurs dans le monde. Il y a un petit garçon de quatre ans nommé Danny, pour qui j'ai tout particuliè-rement de l'affection. Il est si brillant que je fais de mon mieux pour lui enseigner, non sans un certain succès, l'alphabet et quelques nombres. En tous les cas, si jamais j'ai un petit garçon, je le nommerai Danny. Ruda et moi, nous nous rencontrons habituellement après le travail et nous nous rendons en marchant à l'ancien cimetière juif. C'est un endroit qui n'est pas verboten, et c'est magnifique et paisible parmi les pierres tombales anciennes. Ce cimetière, le plus vieux d'Europe, remonte au dixième ou onzième siècle ; il se *trouve derrière un grand mur et il est rempli de grands arbres. Il n'y a personne d'autre, seulement nous deux. Nous sommes très amoureux et la possibilité d'être séparés nous fait très peur. Nous nous efforçons donc de ne pas y penser, et nous faisons comme si cet autre monde, celui derrière le grand mur, n'existait pas.*

Qu'est-ce qu'une vie ? Un court combat,
Où toute victoire est vaine,
Où qui conquiert rien ne gagne
Ni ne reçoit, celui qui s'enrichit.

Ruda

Eva et moi n'observions qu'à l'occasion les décrets officiels ; l'ancien cimetière juif et les quartiers de l'organisation sioniste étaient les lieux autorisés de nos rendez-vous, mais la plupart du temps, nous prenions d'énormes risques. Plutôt que de coudre l'étoile de David sur nos vêtements selon les ordres, nous ne faisions que l'agrafer et l'enlevions pour nous promener dans les bois ou pour voyager en tramway ou en train. Nous allions au cinéma, nous nous promenions dans le parc, nous nous rencontrions après le couvre-feu — choses interdites et mises en vigueur sous la menace de châtiments excessivement draconiens.

Nous étions des rêveurs, échangeant des livres de poésie, toujours à imaginer un monde meilleur, pour lequel nous étions prêts à risquer nos vies. Nous étions bien loin de nous douter que nous le ferions littéralement ! Nos concepts religieux étaient alors très peu théistes : je lisais, pour développer mon vocabulaire, des fragments de la Bible en hébreu, que j'interprétais comme un conglomérat symbolique d'histoires conçu pour contrôler mes ancêtres originels. C'était manifestement leur code de justice, de moralité et d'instructions pour les choses de la vie quotidienne. Notre livre préféré devint *Le brave soldat Chvéïk* de Hasek, une satire humoristique relatant l'absurdité de la Première Guerre mondiale, et une sorte de guide de survie sur la manière de renverser l'absurde, non seulement pour garder le moral, mais aussi pour apprendre à rire des situations les plus embêtantes et cruelles. Nous considérions tous deux Hasek comme le père de l'humour noir et comme une source inépuisable de sagacité. Sa façon fut imitée plus tard par Heller dans *Catch 22,* et par les scénaristes de *MASH.* À notre manière, nous étions aussi naïfs et optimistes dans notre infortune que *Pollyanna* : nous ne faisions que discuter, chanter, rire et attendre.

Pour une raison ou pour une autre, j'ai toujours cru que la survie dépendait de conditions particulières : de la volonté, d'une chance énorme (et peut-être d'un alignement favorable des étoiles), de la vivacité d'esprit avec, à l'occasion, une pointe d'humour noir. Ce n'est que plusieurs années après la guerre que je compris que ma volonté et même mon humour particulier s'étaient développés bien longtemps avant la période nazie.

MARDI 22 OCTOBRE 1940. *Je ne suis pas sortie de tout le week-end, pas même pour voir Ruda. J'ai commencé à lire* Jean-Christophe *de Romain Rolland, et je devais tout simplement le finir. J'ai lu très attentivement toute l'analyse de la société française. Certaines choses m'étaient complètement étrangères ; d'autres m'étaient parfaitement claires. Cependant, le livre m'a laissée partagée ; je n'ai pas dormi la nuit dernière. Christophe, Olivier, Ann, France — je n'avais que leur sort en tête.*

Dans la famille, nos vies individuelles connaissent un sérieux changement. Tout d'abord, trois autres familles vivent avec nous dans l'appartement. Ce ne sont que chamailleries sans fin pour le partage de la cuisine et de la salle de bain. Je suis très chanceuse parce qu'il y a une douche au foyer des enfants ; j'essaie aussi d'y pendre au moins un repas par jour. Tous les quatre (mon oncle Otto vit avec nous, car son appartement a été confisqué lorsqu'il était en prison, et à son retour il n'avait aucun endroit où vivre), nous vivons et dormons ensemble dans ce qui était auparavant la salle à manger, une vaste pièce avec un grand oriel. Parce que nous sommes les anciens propriétaires des lieux, il m'est parfois permis de déplacer mon lit de camp à la cuisine et d'avoir un peu d'intimité. J'essaie de dormir là, mais les autres personnes de l'appartement en éprouvent de l'animosité, et quand elles m'entendent bouger, elles se trouvent une excuse pour venir à la cuisine : réchauffer de l'eau, ou un repas, ou quelque chose. Cela n'en vaut vraiment pas la peine. Et ma mère est un paquet de nerfs. Elle ne s'est jamais tout à fait remise de son expérience en prison. Elle a les nerfs à vif, elle a tellement peur, mais elle s'efforce toujours de faire de moi une jeune fille convenable. D'une certaine manière, j'ai le sentiment que je suis à présent une cause perdue, et qu'elle ferait bien de laisser tomber.

Il m'est plus facile de m'entendre avec mon père, surtout parce qu'il ne reste pas à la maison. Mon oncle Otto non plus — il travaille quelque part dans un entrepôt de meubles confisqués aux Juifs. Mon père passe ses journées avec les vieux amis qui lui restent au seul et unique café KJReiwhs dans ce qui est maintenant le ghetto de Prague, et ils délibèrent sans fin sur la guerre sous tous les angles imaginables. Les journaux allemands sont leur unique source d'information, et ils espèrent contre toute espérance que ce qu'ils lisent n'est pas vraiment vrai. Mais Ruda et moi savons que c'est vrai ; c'est absolument vrai. Nous le constatons tout autour de nous, et nous avons peur ; peur pour tout le monde, mais surtout l'un pour l'autre. Tant que nous sommes ensemble, nous y arriverons, mais si... je ne veux seulement pas y penser — je ne crois pas que je le supporterais, si nous étions séparés — je crois que je cesserais d'exister. Je ne voudrais plus vivre.

Et ainsi s'achève mon journal et ma coquille numéro deux.

Ruda

Mes parents acceptèrent Eva sans réserve. Ils avaient perdu leur fille (ma sœur) en 1935, et comme Eva avait à peu près le même teint, la même taille, et presque le même âge, ils l'adoptèrent comme leur fille tous les deux, et ma mère tout particulièrement. Mais le père d'Eva croupissait toujours dans une section de la prison de Prague qui avait une terrible réputation à l'époque – la famille au complet était accusée de détenir des avoirs non déclarés à l'étranger – et la mère d'Eva se montrait avec raison ambivalente à propos de notre intense relation. Elle subissait cruellement le contrecoup de cette période : le sentiment d'être personnellement menacée (elle aussi avait été emprisonnée des mois, et finalement relâchée par les S.S.), l'écroulement des valeurs et la perte de sa situation sociale furent tout simplement trop pour elle. En outre, Eva était vraiment très jeune, elle était leur unique fille, et elle était vouée à accomplir de grandes choses dans la vie.

Eva

1941. J'essaie à présent de me remémorer ma dernière courte année à Prague, mais je ne vois que des images brisées, des souvenirs isolés de différentes personnes parmi ma famille et mes amis. J'entends le bruit particulier de la pluie battant sur le rebord de la fenêtre et je vois le soleil qui brille sur les centaines de tours de Prague ; je peux même sentir à volonté les lilas et les fleurs de pommier dans l'air. D'une certaine manière, c'est comme si j'avais un projecteur de diapositives à l'intérieur de moi : je n'ai qu'à presser un bouton et diverses diapositives se mettent à défiler sur l'écran de ma mémoire.

La peur demeure mon souvenir le plus vif de cette brève période à Prague ; d'horribles choses me sont arrivées par la suite dans la guerre, mais je ne crois pas avoir jamais eu aussi peur que durant l'année précédant la déportation. Un jour d'été à l'aube, tandis que je dormais dans la cuisine, on a sonné à la porte. J'ai ouvert, et deux jeunes hommes se tenaient là en costume civil orné d'un petit svastika à la boutonnière, avec cet air reconnaissable entre tous ; ils voulaient voir mon père. Je l'ai réveillé. Ils l'ont laissé enfiler son pantalon par-dessus son pyjama et mettre ses chaussures, puis ils l'ont poussé dehors en l'injuriant et lui ont fait descendre l'escalier à coups de pied et de gifles jusqu'à la limousine Mercédès officielle qui attendait devant la maison.

Cependant, il y avait aussi des moments heureux. Pour passer facilement de Juif à Aryen, ou de « non-humain » à « humain », Ruda et moi avions trouvé une façon d'agrafer nos étoiles de David avec de petites épingles à ressort plutôt que de les coudre. Environ un jour sur deux, nous les dégrafions, prenions le tramway jusqu'aux limites de la ville, et nous nous promenions dans les bois, qui commençaient à peu près où finissait la ville. En été nous nagions même dans la rivière, et après nous nous allongions dans l'herbe haute et nous nous aimions très fort. Ensuite nous repartions, car nous devions observer le couvre-feu ; mais avant de monter à bord du tramway, nous nous glissions dans l'embrasure d'une porte d'appartement, agrafions sur nous nos insignes, et nous nous transformions de nouveau en non-Aryens, ou non-humains.

En hiver, quand le cimetière était trop froid et déprimant, nous prenions même le risque d'aller au cinéma. Cela demandait du courage, car le cinéma était régulièrement fouillé en quête de gens sans papiers, et surtout de fugitifs et de Juifs. Quelquefois, nous faisions des promenades dans les parcs déserts. Il y a beaucoup de grands parcs à Prague, et nous prenions la peine d'en choisir un nouveau chaque fois, afin d'éviter que les gens qui s'y rendaient régulièrement ne se souviennent de nous et ne nous reconnaissent. C'était fort imprudent, mais il fallait s'amuser ; nous

voulions nous montrer plus fins qu'eux, mais au fond,
tout ce que nous souhaitions, c'était d'être seuls tous
les deux.

Ruda

Certains membres de nos familles réussirent à
quitter avant l'éclatement de la Deuxième Guerre
mondiale ; mes cousins d'Allemagne allèrent aux
États-Unis, et deux cousins d'Eva, dont un au
second degré, partirent en Angleterre. Ce dernier
fut envoyé à des parents adoptifs bénévoles dans
un transport d'enfants. Le reste de nos familles,
tantes, oncles, grands-parents et cousins, habitaient principalement autour de Prague ou dans
Prague même. La première victime fut l'oncle
d'Eva, appréhendé en 1939 par la Gestapo (*Geheime
Staatspolizei,* la police secrète d'État). Gagné par
l'élan patriotique, le 28 octobre, jour de l'indé-
pendance tchécoslovaque (date de création de la
république en 1918), il marcha avec quelques-uns de
ses collègues politiques sociaux-démocrates devant
le quartier général de la Gestapo à Prague, affichant
le tricolore interdit de l'ex-Tchécoslovaquie. La
famille obtint l'urne contenant ses cendres quelques
semaines plus tard. Le suivant fut mon cher grand-
père maternel, qui s'opposa à l'éviction de sa
maison natale dans un petit village des montagnes
où j'ai passé la majeure partie de mon enfance. Il
subit un infarctus fatal au cours de son arrestation.

Eva

Une vive inquiétude au sujet du sort de mon père pesait sur nous. Ma mère et moi n'avions qu'une très vague idée de l'endroit où il était détenu cette fois-ci ; nous ne pouvions pas en être sûres. Sans nouvelles de lui, nous vivions dans la peur permanente de ce qui pouvait ultimement lui arriver. Aussi, nous n'avions plus de famille pour nous aider, parce que les déportations du Protectorat avaient maintenant commencé pour de bon, et toute notre famille avait disparu. Ironie du sort, ma mère et moi étions protégées contre la déportation parce que mon père était en prison, et les Allemands, à leur perverse manière (ou peut-être afin de créer un sentiment de fausse sécurité dans la population), ne déportaient pas les familles séparées.

Ruda

Avec une précision d'horloge, la division S.S. pour la solution de la question juive mettait déjà en œuvre le plan de « purification » des Juifs dans l'Allemagne et dans les territoires occupés (ainsi que dans les territoires amis de l'Axe). L'entreprise réclamait le recensement minutieux de tous les sujets considérés comme des Juifs, et la réorganisation des centres juifs dans les plus grandes villes. Des Juifs étaient assignés à la direction autonome ou gouvernement (Conseil des notables) de ces centres. Leur rôle était de veiller à ce que soient suivies les diverses ordonnances limitant les privilèges juifs, à ce que soient enregistrés avec exactitude et recueillis pour confiscation tous les biens, et — exigence la plus pénible de toutes — à ce que soit rassemblé le nombre requis de personnes pour une déportation à destination habituellement inconnue.

La déportation débuta en 1940. Personne ne savait vraiment où allaient toutes ces « personnes » (selon la terminologie officielle, nous ne formions pas un « peuple »). On recevait, généralement pendant la nuit, un bout de papier, un ruban, similaire à un télégramme, énumérant notre nom, notre date de naissance, notre numéro, la désignation du convoi et la date de rassemblement pour le départ (d'habitude dans les quarante-huit heures). À Prague, ces convois (en règle générale, mille personnes précisément) furent rassemblés dans la grande salle du pavillon initial d'exposition permanente des marchandises. Les effets du surpeuplement y étaient déjà apparents. Les installations sanitaires extrêmement restreintes, les cris des petits enfants apeurés et les lamentations des gens âgés, tout cela accroissait la tension dans l'atmosphère de la salle. Il y flottait déjà la pestilence du malheur[2].

2 Un nouvel hôtel moderne a été bâti sur le site dans les années soixante. On y a répertorié, et encore aujourd'hui, toutes sortes d'accidents. Peut-être le destin a-t-il rattrapé les propriétaires, car ils n'avaient jamais disposé la moindre inscription commémorative de ce qui s'y était passé pendant la Deuxième Guerre mondiale.

Ma mère a voué toute son énergie à préparer l'inévitable transport. Comme toutes ses amies avant elle, ma mère a teint des draps pour nous trois en bleu marine, estimant — avec raison, peut-être — que même si les draps se salissaient, la crasse ne se verrait pas sur du bleu marine. Elle a acheté du lard et de la farine au marché noir et a préparé trois pots de roux très gras à emporter pour subsister dans l'inévitable camp. Elle a emballé nos livres et les vêtements et chaussures du dimanche, pour qu'ensuite ses amis non juifs viennent au milieu de la nuit ramasser les boîtes.

Pendant ce temps, j'ai travaillé avec les enfants, je les ai aimés, j'ai joué avec eux et j'ai lavé, réparé et emballé leurs modestes possessions lorsqu'ils étaient désignés pour une déportation. Nous savions à présent que ces convois allaient à Terezin, une ancienne forteresse et ville de garnison située à une cinquantaine de kilomètres au nord-ouest de Prague, et que la vie y était dure mais possible. Nous savions aussi que, de Terezin, des gens étaient périodiquement transférés quelque part dans « l'Est », mais personne ne savait où se trouvait « l'Est » : en Pologne ? en Russie ? Nous le redoutions tous, et nous attendions. Chaque jour, Ruda et moi nous accrochions l'un à l'autre, risquant la capture et une mort certaine. Nous ne pouvions faire autrement — nous avions si peu de temps.

Chaque personne n'avait le droit d'emporter que 50 kilos de biens personnels, ce qui incluait habituellement des vêtements, des vivres et des ustensiles. Les autorités du Conseil des notables s'efforcèrent de garder les familles ensemble (la cellule familiale était encore respectée), et certaines personnes occupant des postes que le Reich considérait comme nécessaires au maintien général du segment décroissant de population juive furent temporairement préservées des transports. Il était donc encore possible de contester son embarquement dans un convoi. Si la plainte était acceptée, quelqu'un d'autre remplaçait la personne chanceuse, laquelle recevait, d'habitude quelques heures avant la déportation, un autre bout de papier reprenant les informations originales mais avec le mot magique *ausgeschieden* (rayé de la liste) ajouté à la fin. Aux petites heures du jour, les mille personnes désignées étaient emmenées de la salle de rassemblement jusqu'au train en stationnement sur la voie de garage adjacente à la station. Pareils à des robots, les soldats S.S. qui les escortaient restaient impassibles. Les trains étaient parfois des voitures, parfois des wagons à bestiaux ou à charbon. Puis, immanquablement, les membres de la famille et les amis n'étaient tout simplement plus là. Tout s'exécutait dare-dare et en secret. Avec le recul, je me dis que nous ne voulions pas savoir.

Le père d'Eva était toujours en prison ; para-doxalement, la famille étant séparée, sa mère et elle se trouvèrent temporairement dans une position protégée. L'emploi d'Eva comme puéricultrice aurait également été suffisant comme protection. Je travaillais comme infirmier dans un hôpital de fortune ; ma formation dura six semaines, et me rapprocha de l'idéal que je chérissais depuis l'âge de trois ans : la médecine. Les patients restaient d'habitude seulement quelques jours, peu importe la gravité de leur condition, car ou bien ils mouraient, ou bien ils étaient les premiers à être déportés, dans la mesure du possible. Le taux de mortalité était élevé, et nos moyens, limités et tout à fait primitifs, bien que la plupart des médecins fussent des autorités de renom. J'étais donc protégé, moi aussi.

Mon père travaillait comme chef d'une équipe qui scellait les maisons et les appartements des Juifs après leur évacuation, et les préparait pour le groupe affecté à l'inventaire. Ce poste le préservait temporairement, lui aussi, d'une nouvelle déportation. À la maison, il accrochait à un panneau mural ses trousseaux de clés, munis d'étiquettes avec date et données indiquant le jour prévu pour le début de l'inventaire. Je ne fus pas long à saisir la merveilleuse mais dangereuse occasion que cela constituait. J'empruntai simplement les clés de quelques bonnes adresses, et Eva et moi passâmes des heures charmantes dans divers appartements de Prague, où tout était resté intact. Nous entrions, nous efforçant d'avoir l'air très officiels, enlevions les scellés, que nous replacions après (mon père, le pourvoyeur, n'en sachant toujours rien). C'était en somme un risque énorme, mais nous en aimions chaque instant, et nous nous réjouissions de notre facilité à nous montrer plus malins que le système.

Je me suis souvent demandé pourquoi nous n'avions pas acheté de faux papiers – pourquoi n'avions-nous pas fui? Si nous avions su ce qui nous attendait, ce qui suivrait, nous aurions risqué tellement plus. Mais bien sûr, «la sagesse après le fait est le plus parfait outil du savoir». Eva dut faire ses adieux à Danny, son petit garçon préféré au jardin d'enfants, qui partit pour toujours avec ses parents. «Un jour, quand nous aurons un petit garçon, il s'appellera Danny», promit-elle. L'hôpital où je travaillais débordait à présent de patients psychotiques. Un jour, nous dûmes emmener plusieurs douzaines d'entre eux à un convoi, et je dus apprendre à donner une injection tranquillisante au travers des vêtements.

Eva

Le 27 mai 1942, le couperet est tombé tragiquement. À trois heures, par un chaud après-midi, revenant d'une de nos excursions dans les bois au-delà des limites de la ville, Ruda et moi nous tenions convenablement avec nos étoiles jaunes sur la plateforme arrière du tramway numéro trois. C'est à ce moment qu'a éclaté une pagaille monstre. Les haut-parleurs installés par les Allemands à toutes les intersections importantes de la ville se sont mis à beugler un pressant communiqué. Le tramway a fait un arrêt brutal et toute la circulation s'est immobilisée. Un silence mortel a plané. À l'extérieur, les piétons restaient cloués sur place, et à l'intérieur du tramway, personne ne bougeait. Passé d'abord en allemand, puis en tchèque, le communiqué était alarmant — quoique réjouissant en un sens, j'imagine, pour nous les non-Allemands. Voici ce dont il s'agissait : au coin de rue même où nous nous trouvions avait eu lieu une tentative d'assassinat du protecteur du protectorat de Bohême-Moravie, le tristement célèbre Reinhard Heydrich. Heydrich avait été grièvement blessé et transporté à un hôpital proche, où il devait mourir quelques jours plus tard. Ses assassins avaient réussi à s'échapper.

La loi martiale était proclamée, et le couvre-feu, imposé le soir à sept heures. Les gens sans documents officiels étaient prévenus qu'ils seraient sommairement exécutés. Une récompense substantielle était en même temps offerte à quiconque pourrait donner des renseignements sur les assassins. Les haut-parleurs répétaient en boucle cette annonce en allemand et en tchèque. Enfin, le tramway s'est remis en marche. Tout le monde était encore sous le choc. À l'arrêt suivant, Ruda et moi nous sommes dit au revoir, et j'ai couru à la maison, enserrée dans la peur familière.

Cette nuit-là, tandis que je dormais dans la cuisine, j'ai été tirée du sommeil par le timbre grêle et insistant *de la sonnette. Lorsque nous avons ouvert, se tenait derrière la porte le jeune S.S. qui avait emménagé avec sa femme et son petit enfant dans l'appartement voisin après qu'il eut été libéré par une famille juive déportée. En complète tenue S.S., il exigeait de voir nos papiers et ceux de tout le monde qui occupait encore l'appartement. Il nous a giflés et injuriés, il a pris nos noms et il est reparti. Le jour suivant, ma mère et moi, ainsi que tous les autres occupants de l'appartement, recevions le redoutable avis de déportation. Il arrivait sous la forme d'une étroite lisière de papier, semblable à une bande de télétype, portant le nom de la personne, sa date de naissance, et son numéro de convoi. Mais cette fois, il s'agissait de la déportation punitive tant appréhendée, la A.A.H. (Attentat auf Heydrich). Cette liste n'avait pas été dressée par le Conseil juif des notables, comme c'était ordinairement le cas, mais par la Gestapo. En outre, il n'y avait aucun espoir que ma mère ou moi puissions en être retirées. Nous étions perdues.*

Ruda

Au retour d'une petite excursion dans les bois environnants, Eva et moi entendîmes dans les haut-parleurs de rue (un système de communication publique installé à travers tous les villages et villes pendant la mobilisation de 1938) une nouvelle exaltante mais terrible. Heydrich, le protecteur de Bohême-Moravie (représentant de Hitler à Prague), avait été blessé par balle lors d'une tentative d'assassinat – dont il mourrait quelques semaines plus tard. Le groupe qui avait réussi à lui tendre une embuscade et l'avait abattu se composait de bénévoles tchèques, membres du bataillon tchèque émigré attaché aux forces armées anglaises, qu'on avait parachutés sur Prague pour cette mission particulière.

La loi martiale fut immédiatement appliquée, avec un couvre-feu général le soir à sept heures. Il fut ordonné que personne ne quitte son lieu d'habitation enregistré. Quiconque trouvé dehors sans papiers officiels serait automatiquement considéré comme suspect et pris en otage. Une récompense d'un demi-million de dollars fut offerte à quiconque conduirait les autorités aux coupables. Quatorze mille personnes moururent en tant qu'otages ; les parachutistes furent trahis et livrés à la police allemande. Aucun ne fut pris vivant, mais l'on découvrit que trois d'entre eux provenaient des villages tchèques de Lidice et de Lezaky. Les Allemands vindicatifs firent raser ces villages ; tous les enfants furent envoyés pour adoption en Allemagne. Pendant la traque des coupables du complot d'assassinat, un grand nombre d'ordonnances additionnelles furent émises.

Blottis ensemble dans le tramway que nous avions pris illégalement, Eva et moi nous demandâmes ce que seraient les représailles pour tout le monde, mais spécialement pour nous. Le fait que le monstre fût mort était une bonne chose, mais à la question «Qu'y a-t-il de bon là-dedans pour nous (les Juifs)?» à cette époque la réponse était d'habitude «Rien.» Nous nous laissions rarement gagner par la terreur, mais nous nous trouvions illicitement dans le tramway, sans papiers officiels, sans l'étoile de David obligatoire, à l'endroit même où Heydrich avait été abattu. (Vingt-deux ans plus tard, pendant que je visitais Prague, nous sommes allés en voiture jusqu'au tournant des rails de tramway pour montrer à nos fils de quatorze et neuf ans ce qui s'était passé là, car juste quelques semaines avant notre voyage, ils avaient vu un court métrage sur le sujet à la télévision. Un policier arrêta notre voiture, et lorsqu'il remarqua le drapeau canadien collé sur le pare-brise et qu'il vit que les passagers étaient manifestement des étrangers, il nous fit simplement signe de nous ranger en bordure de la large rue et d'avancer tranquillement. À cet instant, une Mercédès à l'insigne S.S. dans laquelle se trouvaient quatre S.S. franchit la courbe. Des gens se mirent soudain à courir vers le véhicule en tirant dessus, et une grenade éclata sur une des ailes. Nous regardâmes le spectacle remplis d'horreur, et il nous fallut quelques secondes avant de saisir que nous assistions au tournage tchèque de l'assassinat de Heydrich.)

Je terminais mon quart de travail lorsque accourut Eva. Elle et sa mère avaient été assignées au prochain gros convoi de deux mille personnes. Le convoi portait la dénomination de C.A., qui fut par la suite remplacée par un sinistre AAH. *Attentat auf Heydrich*. «Attentat sur Heydrich». Déconfite et abattue, Eva retourna se préparer chez elle pendant que je courais au Conseil juif des notables, où j'avais de nombreux amis sionistes, pour tenter de faire retirer Eva et sa mère de la liste. Mais on me dit que ce convoi avait été rassemblé par la division S.S. elle-même, et qu'absolument rien ne pouvait être fait.

Eva

Toute émigration avait cessé brusquement dans les semaines suivant l'occupation et la formation du protectorat de Bohême-Moravie, le 15 mars 1939. En tout cas, l'émigration était toujours une décision individuelle, jamais collective. Dans tous les territoires occupés, un conseil juif des notables a été formé (l'idée venait d'Eichmann, qui a eu beaucoup de succès avec ce type d'autogouvernement juif après l'annexion de l'Autriche). À Prague, la plupart de ces hommes nous étaient connus parce qu'ils avaient été les chefs de file de la communauté avant la guerre : professionnels, hommes d'affaires, enseignants, gens influents de toutes les couches sociales. Toutefois, certains d'entre eux, des étrangers d'Allemagne et d'Autriche emmenés par les Allemands, nous étaient complètement inconnus. Ils avaient entre les mains les multiples facettes de l'administration de la population juive de tout le Protectorat : les services médicaux, les garderies, les écoles clandestines, les orphelinats, les cuisines communautaires, les foyers de personnes âgées. Leur responsabilité principale était de fournir à la Gestapo une liste de noms lorsque était ordonnée une déportation. Le Conseil des notables, à Terezin et à Prague, se composait en grande partie de fervents sionistes, qui soupçonnaient qu'une seconde déportation du ghetto signifiait une mort certaine. Aussi ont-ils décidé de sauver les jeunes gens vigoureux, hommes et femmes, aussi longtemps que c'était en leur pouvoir de le faire, dans l'espoir de préserver le germe de générations futures.

Lorsque le ghetto de Terezin a été établi, une partie du Conseil des notables ou Ӕltestenrat, comme il était nommé, a été déménagée pour administrer ce qui deviendrait un village Potemkine exemplaire, un campement pour rassurer les inspecteurs crédules de la Croix-Rouge suisse ou suédoise. Le camp n'était en réalité qu'une version édulcorée d'une station de transit vers les incontournables camps de la mort. Je m'empresse d'ajouter qu'il s'agissait d'une version édulcorée tant que vous étiez en santé, assez jeune, titulaire d'une haute décoration militaire de la Première Guerre mondiale, ou Danois[3].

---

3 Les Juifs danois demeuraient sous les auspices de leur roi qui, à ce qu'il paraît, avait conclu une entente avec les Allemands selon laquelle son peuple ne serait pas déporté plus loin à l'est que Terezin.

Des nouvelles provenant des gens qui étaient partis avec les convois commencèrent à filtrer. Elles arrivaient sous la forme de cartes postales (nous allions, nous aussi, remplir plus tard de telles cartes en maintes occasions) contenant seulement trente mots en allemand et adressées à quelqu'un qui était peut-être resté au bercail, tel qu'un oncle marié à une Aryenne (de ces mariages mixtes, s'ils étaient tenus secrets, on ne s'occuperait que dans les derniers mois de la guerre en plaçant aussi certains conjoints dans une sorte de camps de travail). La formulation de ces cartes semblait curieuse et incompréhensible. Celles-ci commençaient toujours par « Je vais très bien. Prière d'envoyer les paquets à l'adresse mentionnée. » Ensuite venait le bouquet : « John et Steven sont maintenant vraiment heureux. Ils sont avec oncle Robert. Baisers, Sasha. »

La réponse typique de ceux qui recevaient de telles nouvelles était : « Que veut dire tante Sasha ? Il y a plus de quinze ans qu'oncle Robert est mort. Elle est sûrement devenue cinglée ! » Oui, c'était écrit — et pas seulement dans le livre du destin, mais clairement sur la carte postale. Mais nous ne le saisîmes pas vraiment. Nous déchiffrâmes les cachets de la poste tamponnés de noms disgracieux comme Litzmannstadt ou Chelmno et haussâmes les épaules.

Les nazis, la division spéciale, développèrent le réseau original de cinq camps de concentration en un nombre sans cesse croissant. Ces nouveaux camps n'étaient pas toujours appelés « camps de concentration ». On les dénommait parfois « camps de travail », « d'internement », « de transit », « d'hébergement » et, en conformité avec l'humour sadique de la terminologie nazie, « spas ». Une de ces nouvelles vastes installations fut créée à 80 kilomètres au nord de Prague dans une ville nommée Terezin, à présent connue internationalement sous le nom de Teresienstadt. Forteresse construite au dix-huitième siècle par Marie-Thérèse et son fils Joseph II, la ville avait, depuis lors, toujours servi de caserne militaire, logeant d'habitude huit mille soldats ; la petite ville à l'intérieur abritait deux mille civils.

La double rangée de murs épais et les douves étaient restées intactes, et puisqu'il n'y avait que cinq entrées accédant aux deux parties de cette forteresse, celle-ci convenait parfaitement à un camp. Aussi les civils furent-ils évacués en 1940 (les soldats étaient déjà partis depuis un an) et la ville, convertie en un camp. La conversion ne fit aucune difficulté. Il n'y eut qu'à enrouler tout autour les habituels kilomètres de barbelés et à installer des projecteurs ici et là pour fortifier les entrées. Puis il suffisait de loger, dans les anciennes casernes et maisons d'officiers, les S.S. qui formaient l'anneau extérieur de la garde et les gendarmes tchèques qui veillaient sur l'intérieur, et voilà ! On obtenait instantanément un camp pouvant, en période d'affluence maximale, contenir soixante-dix mille prisonniers. La partie principale devint quelque chose entre un ghetto et un camp de concentration modèle. La partie de moindre importance devint un dur camp où il était difficile de survivre.

Eva

L'après-midi suivant, portant au dos nos réglementaires sacs de cinquante kilos et dans les mains, des couvertures enroulées dans une bâche, ma mère et moi nous sommes rendues seules aux anciens terrains de l'exposition de Prague. Je me rongeais les sangs ; la dernière fois que j'avais vu Ruda, c'était ce matin-là, quand il me répétait qu'il trouverait une façon de nous en sortir, de retarder l'inévitable, mais depuis — rien. Maman et moi nous sommes installées à même le sol glacial de l'immense salle profonde parmi les deux mille autres personnes — surtout des familles blotties ensemble, cherchant à se réconforter les uns les autres. Les petits enfants couraient dans tous les sens, oublieux de l'atmosphère générale de désespoir, et certains essayaient même de jouer à chat parmi les bagages. Personne ne les en empêchait ; tout le monde était simplement trop fatigué pour y prêter attention. Les gardes n'étaient pas visibles, mais les portes principales étaient cadenassées et nous étions certains que les S.S. encerclaient tout l'édifice. Des gendarmes tchèques armés jusqu'aux dents se tenaient dans les corridors menant aux toilettes. Il n'y avait aucune issue.

Ruda

Les S.S. de la division spéciale étaient passés maîtres dans l'art de duper. Certains officiels allemands de haut rang n'avaient pas l'air d'apprécier que l'on doive boucler quelque part tous les Juifs, y compris les anciens militaires et civils de distinction (il fut un temps où les Juifs étaient, eux aussi, généraux ou ministres siégeant au cabinet); ils créèrent donc un camp pour les «proéminents», parfois nommé «spa», réservé aux Juifs de la mère patrie et de toute l'Europe occupée et dont on était censé «s'occuper» en tout dernier. Pour les Juifs bohémiens ou moraves, il devint un centre de tri. Hommes, femmes et enfants vivaient séparés dans différents aménagements de logements. Les premiers convois arrivèrent au début de 1941, et on donna aux détenus la tâche de préparer les baraques et les bâtiments pour une cohue de plusieurs milliers de personnes. Ils construisirent les châlits; ils construisirent les voies ferrées; ils construisirent même les potences. Ensuite, presque tous les dix jours, systématiquement, un autre convoi de mille arrivait, qui était rapidement traité et fixé là. Un gouvernement juif interne, le Conseil des notables, fut créé, avec son maire (le «notable des Juifs »), ses propres départements d'approvisionnement, de justice et de police, qui d'ailleurs étaient responsables non seulement de la direction du camp, mais de l'ultime redéportation des prisonniers à l'Est, qui commença dans les mois suivants au même rythme. C'est du moins ce que nous avaient appris les cartes postales et les communications clandestines pendant que nous attendions à Prague.

Eva

Ma mère et moi ne parlions guère. À quoi cela aurait-il servi ? Nous nous faisions toutes deux du mauvais sang pour mon père : le reverrions-nous jamais ? Était-il toujours en vie ? J'étais aussi très triste au sujet de Ruda et je pleurais pitoyablement ; ma maman s'est donc chargée de me rabrouer à même le sol glacial. « Il était grandement temps que finisse cette amourette, alors cesse de pleurer et ressaisis-toi », m'a-t-elle dit sur un ton décidément ferme. Tout à coup, les grandes portes lourdes se sont ouvertes. Il y a eu un grand brouhaha et des exclamations de surprise au moment où Ruda a fait irruption accompagné de deux S. S. qui l'ont escorté directement jusqu'à nous, nous ont demandé de nous (c'est-à-dire ma mère et moi) identifier, ont vérifié nos papiers, et ensuite, laissant Ruda auprès de nous, ils s'en sont allés tout bonnement et les portes se sont refermées. Prétendant que j'étais enceinte (je ne l'étais pas, mais cela me sauva la vie),

Ruda s'était porté volontaire pour intégrer le convoi punitif et les Allemands, dans leur perversité, ont en plus accepté sa demande sous l'appellation « aucune famille brisée ». Nous avons tous deux passé des heures à essayer de convaincre ma mère de la vérité, mais elle ne nous a jamais crus, ni à ce moment-là ni jamais vraiment après. Enfin, bon, tout est devenu beaucoup plus simple à partir de cet incroyable instant. Pour la première fois, j'ai senti que nous avions une chance.

À Terezin, il a été interdit à notre convoi de deux mille personnes de quitter les baraques de transit. Nous sommes restés assis là, de midi environ à midi le lendemain, trop fatigués pour être dérangés par quoi que ce soit. Vers midi, deux de nos amis du mouvement sioniste sont arrivés accompagnés d'un gendarme tchèque qui s'est dépêché de lire nos noms, celui de Ruda, de ma mère et le mien, nous a aidés à ramasser tous nos paquets et nous a guidés à travers les rues animées et bondées de Terezin. Nos amis sionistes, membres du Conseil des notables, étaient intervenus en notre faveur. Nous étions les seuls à qui il était permis de rester à Terezin ; le reste du convoi s'est volatilisé cette nuit-là sans qu'on en entende plus jamais parler. Nous étions saufs, pour l'instant du moins.

Ma mère a été logée dans une des baraques des femmes, Ruda, dans une de celles des hommes, et moi, créature privilégiée, je me suis retrouvée dans une des anciennes maisons civiles où chaque chambre hébergeait des filles de tout le Protectorat, toutes membres du mouvement de jeunesse sioniste. Il y avait, dans chaque chambre, des châlits doubles à trois étages ; nous étions dix-huit dans la chambre numéro seize. C'était une chambre de grandeur moyenne et j'avoue que nous y étions très à l'étroit, mais nous étions toutes jeunes, résistantes, actives et nous nous efforcions d'« organiser » un peu plus de nourriture pour nos familles et pour nous-mêmes. Il n'existait aucune intimité. Aussi nous battions-nous : nous nous battions l'une contre l'autre pour l'utilisation du filet d'eau des robinets de la salle de bain, et ensemble nous livrions une éternelle bataille perdue contre la seule et unique cuvette des toilettes toujours bouchée ou en train de déborder. Nous nous battions contre les punaises de lits et les puces, et nous sommes devenues des amies très proches. Jeunes comme nous l'étions, nous nous amusions même. Nous nous empruntions mutuellement nos vêtements et nous suivions attentivement la vie amoureuse les unes des autres (strictement verboten, mais que tout le monde entretenait). Nous nous épouillions mutuellement les cheveux, et nous prirent soin les unes des autres lors d'une terrible épidémie d'hépatite infectieuse. Finalement, celles d'entre nous qui ont survécu sont devenues amies à vie. Nous pouvons rester des années sans nous voir, sans nous écrire même, mais lorsque nous nous rencontrons toutes et chacune, le temps s'arrête pour nous.

Probablement afin de justifier leur requête pour nous garder, Ruda et moi, à Terezin, l'Æltestenrat nous a plus ou moins donné l'ordre de nous marier. Parce que j'étais non seulement mineure, mais aussi

extraordinairement jeune, ma mère a dû donner sa
permission par écrit, ce qu'elle a fait non sans réticence.
Nous ne savions toujours pas ce qui était advenu de
mon père, ni où il se trouvait ou s'il était encore vivant.

Ruda

Il était prévu que le convoi s'arrête à Terezin, pour
ensuite continuer son chemin. D'ailleurs, comme
il m'arriverait encore de nombreuses fois, je devins
obnubilé par l'inébranlable idée qu'« il doit bien
se trouver, qu'il existe une issue ». Comme je le
soutenais mordicus, mes amis proposèrent un
plan. Je me joindrais volontairement au convoi et
ils en informeraient nos contacts – la direction
juive de Terezin qui était aux mains des sionistes
(ainsi que je l'ai mentionné, ils étaient connus de
la division S.S.) –, qui tenteraient, par un troc, de
soudoyer quelques-uns de leurs contacts S.S. pour
que ces derniers nous retirent là-bas du convoi.
Je remettrais à la Gestapo de Prague une requête
de permis écrite par le Conseil afin de demander à
la division S.S. de me laisser intégrer le convoi.

Lorsque j'exposai tout cela à Eva, elle fut
encore plus atterrée. Nous allâmes en parler à mes
parents qui, le cœur lourd, comprirent tout d'une
manière ou d'une autre. Étendant les mains sur
ma tête, mon père nous recommanda à Dieu par
une ancienne bénédiction en hébreu aujourd'hui
traduite dans toutes les langues et que toutes les

religions chrétiennes utilisent inchangée :

Que le Seigneur vous bénisse et vous garde

Que le Seigneur fasse rayonner sur vous son regard et vous accorde sa grâce

Que le Seigneur porte sur vous son regard et vous donne la paix.

C'était la toute première fois que je l'entendais. En silence, je raccompagnai Eva chez elle, sachant qu'elle et sa mère devraient se rendre à la salle de rassemblement au cours de la nuit.

Au matin, vêtu d'un manteau de cuir et de bottes cavalières, moi, jeune homme aux courts cheveux blonds, me parlant à moi-même pour trouver mon courage, je me rendis à la Gestapo. Le garde me conduisit dans l'antre du monstre dont très peu de visiteurs étaient revenus. Dans un parfait allemand, je débitai mon histoire devant une créature au visage dénué d'expression, qui sans un mot tamponna ma requête, la signa, et me laissa partir. Je traversai Prague en courant jusqu'au quartier général de la division S.S. où je demandai la permission de voir le chef principal. Que miraculeusement je vis. Il écouta ma demande, m'examina de la tête aux pieds et déclara sèchement, utilisant le *sie* (vous) allemand à la place du famillier *du* (tu) méprisant : « Si vous êtes aussi cinglé, allez-y ! » Je demandai encore s'il me serait permis d'aller chercher mes effets personnels et, avec une lueur d'amusement cynique dans le regard, il me rassura en me disant que je pourrais. Je comprendrais seulement plus tard la signification de son expression. Je partis en Mercédès, assis entre deux grands S.S. pareils à des robots. Ils me conduisirent chez moi où je ramassai mon sac à dos et embrassai mes parents pour leur dire au revoir. Ensuite ils m'emmenèrent directement à la porte de la salle de rassemblement, où ils me confièrent au garde S.S. en service sans échanger un seul mot avec moi. Je continue de croire que ce dernier n'avait pas compris toute l'affaire, car il porta mon sac à dos pour moi, pendant que je le suivais dans la salle.

En m'apercevant, Eva se mit à pleurer comme une Madeleine, mais sa mère fut très troublée par ma présence. Elle crut vraie l'explication que j'avais donnée aux Allemands, à savoir que je me sentais obligé de rejoindre ma fiancée puisqu'elle était enceinte de moi. Au cours de la nuit, on nous conduisit au train, heureusement des voitures passagers plutôt que des wagons à bestiaux, et en moins de quatre heures, nous foulâmes sous bonne garde le sol de Terezin, où nous fûmes installés dans des baraques de quarantaine et avertis que l'on nous y gardait seulement en attendant un deuxième convoi qui partait le lendemain. Cette nuit-là, à peine quelques heures avant le départ, un gendarme et deux de mes connaissances du Conseil vinrent chercher dans les baraques cinq personnes, dont Eva, sa mère et moi, pour les emmener au camp de Terezin. Nous avions été biffés de la liste.

Des deux mille autres, nous n'avons plus jamais entendu parler.

Terezin n'était qu'un village Potemkine, un camp de concentration «bonbon» que la division S.S. conservait pour montrer à la Croix-Rouge internationale, suédoise ou suisse qui façonnait l'opinion planétaire concernant le traitement des Juifs par les Allemands. Juste avant leurs visites, le camp était l'objet de nombreux embellissements. Les maisons étaient peintes, les rues, méticuleusement nettoyées, les pelouses, arrosées dans des parcs de fortune où jouait un orchestre, un café était ouvert et pourvu de personnel, étaient même reconstitués des sortes de magasins où se vendaient certains ustensiles en échange d'une monnaie de ghetto imprimée spécialement pour ces occasions.

J'eus toujours l'impression (dans les camps ultérieurs aussi) que cet étrange effort nazi pour camoufler les atrocités – incluant les quelques entrevues avec les détenus méthodiquement étudiées et répétées – était un franc succès ; il semble que les représentants de la Croix-Rouge n'y virent que du feu. Mais Terezin était en fait un endroit lugubre et surpeuplé. Affamés, glacés et terrifiés la plupart du temps, les Juifs attendaient simplement ce qui allait se passer ensuite. Chacun devait travailler quelque part pour avoir droit à sa ration de nourriture, mais les questions du logement, de la nourriture, du travail, se résumaient souvent aux officiels haut placés qu'un individu connaissait.

La nourriture était préparée dans de vastes cuisines militaires et distribuée dans les différents départements qui partageaient le camp.

Ce sont les jeunes bien portants qui s'en tiraient le mieux en général. Au début, j'habitais avec plusieurs milliers d'autres dans une ancienne installation militaire immense, et je travaillais comme infirmier dans une baraque de quarantaine. Eva chambrait dans une maison privée convertie, avec seize autres jeunes filles – toutes sionistes, originaires de diverses régions de Bohême et de Moravie –, et elle travaillait comme conseillère dans un foyer pour enfants. Sa mère vivait parmi plusieurs milliers de personnes âgées (c'est encore plus pitoyable si l'on songe que nous sommes aujourd'hui plus vieux qu'elle ne l'était alors) et travaillait, extrêmement malheureuse, dans un « kommando » de nettoyage.

Nos cartes d'enregistrement portaient la note que nous avions été retirés du « convoi punitif » en tant que futurs mariés (et mère de la mariée), mais comme nous avions été personnellement sélectionnés par les S.S., nous fûmes sur la liste de tous les convois suivants et nous dûmes chaque fois nous arranger pour en être retirés. Ce fut parfois tout à fait simple et aisé ; je dus à quelques reprises m'hospitaliser moi-même pour suspicion de maladie infectieuse. Puis un jour nous fûmes appelés devant le maire, ce qui était considéré comme inhabituel, et on nous avertit que cela ne pouvait plus durer

— nous devions nous marier, ce qui était encore possible à Terezin.

Eva

Le jour de mon mariage, le 22 novembre 1942, il faisait gris et sombre. Je portais une robe en laine bleue et un épais manteau d'hiver bleu que j'avais emporté de Prague parmi les cinquante kilos admis, et je tenais à la main trois chrysanthèmes blancs qu'avait volés pour moi une des filles qui travaillaient dans les jardins S.S. Je me souviens très peu de la cérémonie même, à part les incontrôlables sanglots de ma mère et le rabbin proclamant que, par les pouvoirs dont l'investissait l'ancienne république de Tchécoslovaquie, il nous déclarait mari et femme. Les choses demeurent complètement floues dans mon esprit excepté les sanglots de maman et les trois fleurs blanches se flétrissant dans ma main.

Ruda

Les nazis, avec leur humour macabre, nous accordèrent, pour ce mariage de circonstance, une salle spéciale dans la section psychiatrique. Le matin pluvieux du 22 novembre 1942, nous nous tînmes devant le rabbin qui nous maria en présence de nos amis, parmi lesquels se trouvait celle qui avait apporté à Eva trois chrysanthèmes blancs, et de la mère atterrée d'Eva, qui nous avait donné sa permission avec hésitation, car Eva n'était pas majeure. Ce fut une cérémonie simple mais émouvante, au cours de laquelle le rabbin proclama qu'étant habilité à nous marier, il le faisait en accord avec les lois de l'ancienne Tchécoslovaquie (une disposition pour recommandation ultérieure). Nous ne nous sommes pas rendu compte alors que mes parents s'étaient mariés à la même date, et nous ne savions pas que le nombre vingt-deux reviendrait sans cesse tout le long de notre vie marquer les moments importants.

Nous passâmes notre nuit de noces en catimini dans le grenier de la maison où habitait Eva, où seules des bottes de foin étaient entreposées. L'accès était verrouillé en permanence, mais cela ne me gêna pas vraiment : faire un passe pour ces verrous à l'ancienne ne représentait pas grand-chose pour moi. Nous nous enveloppâmes dans nos sacs de couchage sur la paille, mais notre ardeur fut bientôt brutalement refroidie par des centaines de puces s'abattant sur moi. Bizarrement, Eva semblait (et semble toujours) tout à fait à l'épreuve des bestioles. (Malgré le nombre et la diversité des efforts pour s'en débarrasser, il devait y avoir des millions de puces et des milliards de punaises à Terezin.)

Au petit matin, nous retournâmes incognito dans nos quartiers respectifs. Eva contracta la scarlatine, qu'elle devait déjà couver cette nuit-là. Lorsqu'elle fut hospitalisée, sa mère croyait toujours qu'elle allait (enfin) se faire avorter.

En décembre cette année-là, mes beaux-parents et mon père sont arrivés par hasard à Terezin ensemble, dans le même convoi. Étant venu tout droit de prison, mon père portait toujours son uniforme de prisonnier. Pourquoi on l'avait libéré et non pas exécuté demeure une autre histoire appartenant à une différente partie de ma vie. Mes beaux-parents m'ont acceptée comme leur fille dès le premier jour, et mon père a accepté Ruda comme son fils. Aucun d'eux n'a douté un seul instant que notre mariage était un authentique mariage. Mais ma mère n'a jamais pu accepter ce fait. À Terezin, je travaillais dans un hôpital pour les nouveau-nés ; c'était un triste, dur et futile travail. Tout d'abord les mères étaient sous-alimentées, et d'habitude n'avaient pas de lait. Les bébés étaient minuscules, chétifs et affamés, couverts de plaies et d'éruptions. Pour eux et pour leur mère, nous avions droit à du lait allongé d'eau, un peu de farine et de sucre, ou de margarine. Les cuisiniers juifs de la cuisine du ghetto aidaient autant qu'ils le pouvaient. Sous la supervision d'excellents pédiatres, tous des détenus, nous faisions bouillir le lait avec la farine, rajoutions encore de l'eau bouillie, un peu de sucre, et nous le faisions boire aux bébés. Nous faisions aussi bouillir l'eau pour laver les couches et tout ce qui entrait en contact avec la peau. Certains bébés restaient peu de temps en vie ; la plupart développaient une affreuse diarrhée et mouraient. Lorsqu'ils vivaient, ils ne *ressemblaient pas du tout à des bébés mais à des lapins rachitiques. Ils ne souriaient jamais et ne pleuraient à peu près pas. Nous nous efforcions aussi de conserver un semblant d'hygiène pour les mères. Avoir des enfants était strictement* verboten, *mais que pouvaient-ils faire avec toutes ces jeunes femmes une fois qu'elles arrivaient enceintes ? Terezin était un camp modèle, un village Potemkine, après tout ; on ne tuait pas en bloc là-bas. On les laissait donc vivre et avoir leurs enfants. D'habitude les mères avaient apporté une layette de base parmi leurs cinquante kilos de bagages, et nous nous efforcions de les assister et les soigner, mais aucun des bébés ne survivait.*

Ruda

Au bout de deux mois, le père d'Eva, par bonheur vivant et relâché par la Gestapo, arriva fortuitement avec mes parents à Terezin et ils se montrèrent tous les trois vraiment heureux pour nous deux. La tâche qu'on leur avait assignée était très dégradante pour eux, mais nous espérions tous que cela finirait bientôt. Je commençai à travailler en « agriculture », dans les champs et les jardins réservés aux Allemands. Mon groupe se retrouvaient dans les serres et les plantations de concombres et de tomates. C'était une des occupations les plus convoitées parce que l'on était envoyé à l'extérieur du camp. Évidemment, dès que nous nous trouvions hors de vue des gardes, nous nous remplissions

l'estomac de légumes, avec, pour résultat, une diarrhée chronique. Personnellement, je développai,
après maints accès de diarrhée et de vomissements,
une certaine résistance digestive, et fus durant des
années l'heureux hôte d'oxyures, car les excréments
humains servaient d'engrais pour les légumes et nous
n'avions pas le temps de les laver convenablement.

Nous trouvâmes d'ingénieuses manières de
voler les légumes et de les rentrer au camp, bien
que le vol d'un produit de notre travail, fût-ce
un concombre, une tomate, un chou ou un radis,
était sévèrement puni. Nous étions soigneusement
fouillés au retour des champs, et un de mes amis,
un garçon de seize ans, fut pris avec un petit radis.
Il fut arrêté et envoyé dans la section punitive du
camp, « la petite forteresse », où il mourut, battu à
mort, en moins de deux semaines. Quand même,
nous usâmes de toutes les ruses auxquelles nous
pouvions penser pour déjouer les gendarmes et les
S.S. Avant notre exploit, le record était détenu par
une fille pourvue d'une très grosse poitrine qui
passa la fouille en transportant trois gros concombres et une tête de chou serrés entre ses plantu-
reux attributs de la nature.

J'accomplis mon coup de maître un jour de
printemps, comme j'enlevais les fenêtres de la
serre pour les entreposer dans une autre partie de
la plantation de légumes. Les fenêtres servant à
couvrir les boîtes de plantes pendant l'hiver étaient
simplement des vitres doubles enchâssées dans

d'épais cadres de bois. Nous découvrîmes qu'empilés et sans vitre sur un des côtés, les cadres pouvaient fournir une cache spacieuse pour le butin illicite. Nous enlevâmes la vitre sur un des côtés de chaque cadre, et après avoir rempli la «boîte» de nos délectables légumes, nous glissâmes dans le tracteur la pile de cadres toujours pourvus de vitres extérieures. Plutôt que de faire le tour, comme nous le faisions d'habitude, nous nous dirigeâmes directement vers le camp, prenant supposément un raccourci pour notre destination à l'autre bout du camp. Notre garde devait avoir remarqué quelque activité suspecte pendant le chargement, car le tracteur fut fouillé à l'entrée du camp, mais personne ne découvrit la réserve de plus de cent concombres et de plusieurs centaines de tomates que nous rapportions victorieux. Comme l'économie du camp était fondée sur le troc, les légumes frais avaient une grande valeur et durant un bon moment, nous fûmes plutôt «riches».

Eva

À Terezin, je n'ai jamais souffert de la faim; mes parents et mes beaux-parents non plus. Ruda et moi nous sommes toujours débrouillés pour nous tous : nous pouvions nous procurer des pommes de terre et du pain, et il y avait des tomates et des concombres l'été. Nous avions des amis qui travaillaient dans les cuisines et les jardins (ceux qui ont survécu sont toujours nos amis) — *nous avions des contacts ; nous avons appris à faire du troc ; nous avions « le bras long » comme on dit aujourd'hui. Nous appelions cela « organiser ».*

Ruda et moi passions le plus de temps possible ensemble. Nous nous aimions tant, et nous rêvions d'un monde sans guerre ni discrimination, où il serait possible de faire ce que nous voulions, et de marcher, de voyager n'importe où ; nous rêvions même d'un petit garçon nommé Danny.

Ruda

Quiconque en était capable faisait de son mieux pour voler, ou comme on disait en général, « organiser » quelque chose, car sans ce genre d'activités illicites, il était presque impossible de survivre. La mortalité était très élevée, particulièrement chez les personnes âgées. Dans ma mémoire reste gravée l'image des chariots funéraires chargés de cercueils de fortune, tirés par une douzaine de vieillards. En quatre ans, soixante-dix mille personnes sont mortes dans ce camp de transit « humain ».

Désireux de me soustraire autant que possible aux formalités du camp, je filoutai un permis du département d'attribution de l'espace pour emménager avec deux amis dans une ancienne étable, située à l'intérieur des murs fortifiés, dans la zone limitrophe des enceintes de garde extérieure et intérieure. Pour être en conformité avec les règlements sur la santé (que de fois j'ai ressenti toute l'absurdité de la vie !), je dus tailler au ciseau une fenêtre (l'étable n'en comprenait aucune) dans un mur épais d'approximativement deux mètres. Je me souviens d'avoir exécuté une sorte de danse indienne improvisée, lorsque je me frappai le pouce avec une masse de dix kilos.

Une voie ferrée se trouvait en face de ce complexe, et juste comme nous emménagions, nous avons découvert qu'un train de meubles confisqués aux Juifs s'arrêtait là pour la nuit. Au cours de cette nuit-là, nous brisâmes les scellés de quelques wagons, ouvrîmes les portes sans faire de bruit et sortîmes trois sofas, des tables, des chaises et des housses. Ensuite nous refermâmes les wagons, ni vu ni connu ; et c'est ainsi que nous meublâmes notre chez-nous.

Le lendemain, nous nous aperçûmes que le jardin fruitier des S.S. se trouvait au-dessus de nous au sommet des fortifications et que le poulailler se situait de l'autre côté, dans les douves. Pendant la nuit, nous escaladâmes les murs et « participâmes » à la cueillette des fraises, des groseilles et des cerises (en saison) – tout un régal, et par-dessus tout, une vraie mine d'or en troc. Nous nous installâmes souvent au sommet des murs, munis d'une ligne à pêche avec un ver à l'hameçon, pour essayer d'attraper non pas un poisson mais une poule. Somme toute, le risque s'avérait disproportionné par rapport au gain, mais c'était en bravant le danger et la peur, un défi auquel à l'époque certains d'entre nous se mesuraient constamment, que nous trouvions la force d'endurer une oppression autrement débilitante.

Après que j'eus pris contact avec le copain aryen de Helen, l'amie d'Eva, il entreprit d'apporter de Prague des paquets et de l'approvisionnement divers qu'il déposait au bord du champ où je travaillais. Je les transportais dans une brouette à un certain endroit sous les murs de fortification, accessible au camp par l'autre côté. Là, lorsque personne ne regardait, je lançais les paquets pardessus le mur ; Helen et sa sœur les ramassaient.

Nous découvrîmes aussi des façons de nous retrouver seuls à l'écart du camp. Je fus capable d'obtenir un laissez-passer émis à mon nom qui autorisait jusqu'à seize autres détenus à sortir pour travailler à l'extérieur du camp. Eva et moi nous sommes éclipsés plusieurs fois pour aller faire un tour ; nous enlevions notre étoile de David et nous nous promenions à travers le pré le long de la rivière où nous faisions trempette, respirant l'air « libre » et profitant de la nature « libre ». D'ailleurs, nous aurions facilement pu nous échapper, mais l'absence de documents, l'hostilité latente de la population, des représailles possibles si l'on nous retrouvait, mais surtout notre ignorance désespérante et butée nous empêchèrent de partir. Nous retournions au camp juste avant le couvre-feu, nous replongeant dans le va-et-vient incessant de cette marée humaine, et dans l'attente…

En dépit des nouvelles contradictoires que les gens malheureux ou apeurés répandaient dans le camp, on y trouvait aussi de l'agrément. Même à Terezin, nous nous rassemblions après le travail pour discuter de livres ou de situations politiques ; nous chantions et nous écoutions un orchestre symphonique ou nous allions voir du bon théâtre (permis lors des visites de la Croix-Rouge).

Je découvris un grenier vide sous les combles de l'ancien hôtel de ville où habitait l'élite, les détenus affectés aux convois, à côté d'un bâtiment appelé le Casino où étaient logés les gendarmes tchèques. Soudoyant le responsable de l'édifice pour y être admis, je construisis, à partir de rien, une chambre dans les combles, une mansarde d'environ trois mètres sur quatre. Planchers, murs, plafond – tout dut être fini en un week-end, y compris l'installation d'une fenêtre et d'une petite cheminée pour le poêle. De la toiture aux lattes de bois et aux charnières, jusqu'au dernier clou, chacun des morceaux fut « organisé ». Le lundi, j'obtins un permis pour y habiter grâce à un nouveau pot-de-vin ; et devant le fait accompli, personne ne souleva aucune question. J'y déménageai Eva et mes affaires (en douce, mais dans l'ensemble avec succès), et commençai à travailler comme préposé aux convois.

Les travailleurs affectés aux convois s'occupaient des wagons de trains qui approvisionnaient Tere-zin. Nous aidions parfois à les aiguiller de la voie principale sur la voie d'évitement où nous étions en contact avec les ouvriers civils et, manifestement, toutes sortes d'échanges eurent lieu au mépris de nos gardiens. Nous étions équipés et vêtus spécialement pour ce travail. Chaussures rigides à tige haute, pantalons de golf, et d'amples vestes qui pouvaient être remplies de pommes de terre, charbon, ou autres précieux articles « organisés ». Plus d'une nuit, je regagnai silencieusement ma cachette dans les combles, ressemblant au bonhomme Michelin. Mon record était d'environ vingt-deux kilos de pommes de terre en un seul voyage. Nous nourrissions nos parents et de nombreux amis, car à Terezin, la faim faisait aussi partie des choses de la vie.

Comparativement à la misère qui nous entourait, notre situation semblait presque idyllique. Couchés dans notre lit sous deux épaisses couvertures (placées l'une par-dessus l'autre et que nous appelions « écailles de poissons »), quand nous ne faisions pas l'amour, Eva et moi rêvions à l'avenir. Nous étions persuadés que nous assisterions à la fin de la guerre et à la défaite des Allemands. Nous aurions un petit studio moderne, avec une salle de bain moderne et une cuisine moderne tout intégrée ; il y aurait des meubles modernes dans l'immeuble le plus moderne qui soit, et j'étudierais la médecine et nous allions vivre ! Nous ne parlions pas beaucoup de nos parents et amis, mais principalement de nous.

Quand même, nous ne pouvions jamais complètement échapper à la réalité. Un jour, notre toit prit feu à cause du petit poêle que nous chauffions avec du charbon volé, mais nous et nos amis réussîmes à l'éteindre. Une vague d'hépatite et d'encéphalite déferla sur Terezin. La dernière nous fut épargnée, mais Eva, jaune comme un canari, dut rester à la maison quelques semaines et je soupçonne que je souffris d'un cas bénin, ce qui ne me jeta pas à terre.

Comme de nouveaux convois arrivaient, d'autres quittaient continuellement Terezin. Le vieil homme qui faisait les cent pas devant les rangées de toilettes de fortune et nous lançait avec entrain dans deux langues, « Chiez plus vite. La queue s'allonge ; habillez-vous dehors ! » et la vieille femme qui demandait au cuisinier distribuant la soupe, « S'il vous plaît, le truc épais au fond » ou « Les jeunes hommes prendront-ils leur soupe ? » — ces gens-là disparaissaient. En septembre 1943, cinq mille personnes furent désignées pour une déportation massive. On nous informa que le convoi irait dans un nouveau camp familial à l'Est. La seule chose rassurante à propos de ce convoi était qu'il ne comprenait aucune personne âgée ; peut-être se rendait-il vraiment quelque part où les familles vivraient et travailleraient ensemble. Nous fûmes désignés tous les six, les parents d'Eva, les miens et nous deux. D'un contact à l'autre m'activant promptement, je me débrouillai pour nous en sortir tous, mais ce fut très difficile. Les dirigeants sionistes s'efforçaient de retenir les personnes jeunes et valides aussi longtemps que possible dans la tentative de garder en vie, jusqu'à la fin de la guerre, un noyau de jeunes Juifs qui partiraient véritablement en Palestine, mais il devint clair que l'on évacuait Terezin. Le plan des sionistes fut une réussite jusqu'à un certain point. Tous les dirigeants furent finalement tués par les nazis, mais beaucoup de jeunes gens ne quittèrent jamais Terezin et nombre d'entre eux s'en allèrent en Palestine.

Ensuite, durant des semaines, aucun convoi ne partit, mais l'activité croissante et la présence visible des S.S. – notoires et inconnus – à Terezin ne présageaient rien de bon. Vers la mi-décembre 1943, la nouvelle se répandit par le téléphone arabe qu'« un autre cinq mille partirait pour le camp familial au cours de la semaine ».

C'est par voie indirecte que nous avait été annoncé le convoi précédent : nous étaient parvenues à Prague quelques-unes des cartes postales officielles portant le cachet de Birkenau ou Neuberunn, dont les messages nous semblaient d'ailleurs « difficiles », réticents que nous étions à les comprendre. Des rumeurs délirantes circulaient à travers Terezin ; certains détenus déclaraient de source sûre leurs histoires du meurtre des Juifs à l'Est et des préparatifs pour une extermination systématique de tous les Juifs à portée des forces nazies. Nous ne savions rien de la conférence de Gossen Wahnsee à Berlin en 1941, où l'échelon nazi le plus élevé, en collaboration avec les plus hautes instances du gouvernement allemand et les autorités du complexe industriel, décidèrent de la solution finale de la question juive, une annihilation programmée comportant l'usage du cyanure d'hydrogène. Quelques membres du réseau de résistance clandestine de Terezin avaient en leur possession des récepteurs de radio interdits, mais les émissions de la Voix de Londres ou de Radio Moscou qu'ils interceptaient ne contenaient aucune mise en garde tangible, aucune description fidèle de ce qui se passait et à quel endroit, en dépit du fait qu'à ce moment-là en 1943, les gouvernements britannique, américain et russe connaissaient tous les détails. (Des survivants endurcis affirment qu'il s'agissait d'une conspiration mondiale, une sorte de solidarité tacite entre les divers camps relativement à la destruction passive et active des Juifs, parce que le monde libre s'était montré manifestement peu disposé à simplement mettre en garde les Juifs qui attendaient.)

Le 20 décembre, les parents d'Eva et les miens furent désignés pour la déportation. Nous fûmes prévenus que nous serions peut-être appelés nous aussi, si nous n'engagions pas immédiatement la procédure pour nous en écarter. Eva et moi passâmes une affreuse nuit à y réfléchir, puis nous décidâmes de partir. D'ailleurs, une certaine ardeur nous animait ; nous pouvions à tout le moins nous battre pour nous deux, mais quelque chose, une inspiration d'en haut, dont je ferais l'expérience à répétition tout le long de ma vie, me souffla : « Il vaut mieux partir, peut-être pour servir à quelque chose et sauver quelques-uns d'entre nous. » Nous passâmes les dernières heures blottis ensemble (comme nous le fîmes de nombreuses fois avant et plus tard), rien qu'à respirer et à goûter nos présences fondues l'une dans l'autre ; ensuite nous nous habillâmes et ramassâmes nos sacs à dos. À la dernière seconde, Eva repêcha de son soutien-gorge une bague à diamant qu'elle y cachait depuis Prague, et la plaça dans ma paume sans un mot. Nous décidâmes que nous n'en aurions pas besoin là où nous allions. Je me penchai, étirant le bras aussi loin que je le pouvais en dessous des lattes du plancher, et je laissai tomber la bague. Nous nous redressâmes, restâmes doucement enlacés, puis nous descendîmes ; les amis que nous abandonnions s'écartèrent en silence sur notre passage. Nous franchîmes le bord de la place Terezin, où se trouvait, de l'autre côté, le foyer des enfants de moins en moins nombreux, nous tournâmes le coin et la police du camp nous fit entrer dans le secteur de rassemblement.

Eva

À la fin, nous nous sommes, nous aussi, laissé conduire à l'abattoir comme des moutons. Nous étions simplement las de nous démener pour éviter chaque nouvelle déportation, aussi nous sommes nous portés volontaires en décembre 1943 pour partir avec nos parents qui avaient reçu un ordre de déportation à destination de l'Est abstrait.

Au moment où j'écris ces lignes, je ne peux m'empêcher de ressentir un peu d'amertume. Sûrement qu'à Noël 1943, les pays alliés et la plupart de leurs habitants étaient au courant à propos des camps de concentration. Ils savaient très bien qu'une extermination systématique était en cours, et pourtant personne, vraiment personne n'a levé le petit doigt pour nous venir en aide. Il aurait suffi, et je vous prie de me croire, parce que je suis vraiment spécialiste en la matière, je sais ce que peut faire une seule bombe, il aurait suffi de quelques bombes pour détruire les usines de mort à Auschwitz, et le monstrueux carnage se serait arrêté. Cette opération aurait sauvé bien des vies. La guerre étant trop avancée, les Allemands n'auraient pas eu le temps de les reconstruire. Voici ce que je n'arrive pas à comprendre : Pourquoi n'avait-on pas ces quelques bombes en réserve ? Pourquoi ne sont-elles pas tombées sur les usines de mort d'Auschwitz ?

Ruda

Dès le début du chargement du convoi, je savais qu'il y avait anguille sous roche, car une fois de plus aucune personne vraiment âgée ou malade n'en faisait partie. La destination était même connue : Birkenau. (Les Britanniques ou les Russes n'auraient-ils pas pu diffuser un communiqué, ou tout au moins

un avertissement, ébruitant le secret de Polichinelle?)
On nous aligna, et le bagage (cinquante kilos par
personne) fut chargé en commençant par le centre
puis sur les côtés du wagon, de façon à former des
sortes d'escaliers. Il s'agissait de wagons pour le
bétail. Des inscriptions allemandes indiquaient, à
l'intérieur, «pour huit chevaux et quarante soldats»,
mais nous étions au moins cent cinquante personnes
par wagon, serrées comme des sardines. J'avais
assisté à de nombreux départs de convois, car bien
que les rails fussent condamnés dans un rayon de
plusieurs rues, en tant que travailleur général des
convois je me débrouillais toujours pour avoir
quelque chose d'important à faire dans les parages
de la voie ferrée au même moment. Je constatai
que de nombreux S.S., sans compter le contingent
de Terezin, exécutaient les consignes de chargement avec promptitude, efficacité, de façon impitoyable et manifestement expérimentée. Nous nous
entassâmes tous les six dans un coin du wagon,
assis en partie sur des valises, dans ce que j'appelais
à l'époque un état de «vacuité émotionnelle» (je
n'acquis la nomenclature scientifique que beaucoup
plus tard). Au moment de fermer la portière, près
de cent quatre-vingts personnes étaient comprimées
à l'intérieur. Il s'y trouvait des enfants de tous les
âges et quelques «personnes âgées».

Considérant le nombre de personnes dont il
fallait s'occuper, le chargement fut plutôt rapide,
et trois heures plus tard, nous partions. Il n'y avait

qu'une seule minuscule ouverture recouverte de barbelés à l'extérieur. Nous n'étions qu'à deux ou trois mètres, aussi pouvions-nous respirer un peu mieux et observer la voie. En quelques heures, très lentement, le train traversa Prague. Nous éprouvâmes tous une sourde nostalgie déchirante, doublée du sentiment que Prague, nos vies, nos rêves nous étaient à la fois très proches et très lointains.

Tout le monde commençait à se demander : « Où nous emmène-t-on ? Nous allons vers le sud ; Birkenau doit se trouver quelque part en Autriche. » Aux premières heures du jour, avançant sans discontinuer, nous nous aperçûmes que nous traversions la Bohême vers les régions au nord de la Moravie. Nous ignorions alors qu'un convoi comme le nôtre avait même priorité sur un convoi militaire (en dépit de la guerre qui faisait rage partout en Europe). Le département des chemins de fer allemands portait une attention toute spéciale aux trains comme le nôtre ; il s'agissait de « trains surveillés de près », ce qui signifiait paradoxalement, de « la plus haute sécurité nationale ». Les employés de chemin de fer participant à ces opérations étaient indemnisés pour l'accroissement d'activité. Ils recevaient une prime de six pfennigs le kilomètre supplémentaire.

Il devint pénible de respirer l'air du wagon. Au centre étaient placés deux barils : l'un rempli d'eau et l'autre pour l'excrétion. La majorité d'entre nous essayaient de se retenir le plus longtemps possible, mais nous dûmes tous finir par nous faufiler jusqu'aux barils. Nous versions de la chaux sur les excréments pour atténuer la fétidité, mais l'air se fit irrespirable lorsque nous en manquâmes. Dans le wagon, les petits enfants n'arrêtaient pas de pleurer ; des gens priaient à voix haute, et dans notre petit groupe, constitué de nos familles directes et de quelques amis, nous gardions le moral en nous racontant des histoires sans queue ni tête.

Le 23 décembre, aux premières heures, le train s'arrêta devant une gare. Le quai se trouvait à une grande distance de notre train, mais nous vîmes un employé des chemins de fer en uniforme polonais qui se tenait là, et nous criâmes pour lui demander où nous étions. L'homme regarda autour de lui, puis il mima deux boucles autour de son cou avec la main droite, qu'il tira vers le haut dans le geste de pendre, et nous répondit en criant : «Vous êtes à Auschwitz, bande d'idiots.»

Un silence glacial succéda, car chacun savait intuitivement ce que signifiait ce nom, mais il fut soudain interrompu par des éclats de voix et par le claquement de la portière qui s'ouvrait. La scène qui suivit me donna l'impression d'une sorte de déjà-vu ; c'était ainsi que j'avais imaginé la descente aux enfers, avant même de lire Dante.

Eva

J'intitulerai cette partie « le retour de Satan », dans les mots d'André Malraux. Je ne m'attarderai pas à une description supplémentaire du voyage vers Auschwitz en wagon à bestiaux, de l'arrivée là-bas, du choc de cet horrible enfer. Qu'il vous suffise de savoir que tout est vrai des choses que vous avez lues ou vues au cinéma ou à la télévision, et qu'il n'y a rien que je puisse ou souhaite ajouter.

Nous avons été extrêmement chanceux d'arriver à l'exact moment où nous sommes arrivés ; nous ne faisions que nous conformer au plan de Hitler, et sans le savoir alors, nous avions une chance, ce que la majorité des gens arrivés là avant nous n'ont jamais eu.

Aujourd'hui, lorsqu'il m'arrive de penser à Auschwitz, je ne vois que les grandes cheminées, à moitié dissimulées par les bouleaux, crachant des flammes et de la fumée âcre. Je sens l'odeur fétide des os carbonisés et mes bras se couvrir d'une très fine poussière poudreuse, le résidu des cendres humaines qui se déposait sur nous et sur tout ce qui nous entourait. Je pense à l'éternelle boue, ressemblant à du sable mouvant, qui nous avalait jusqu'aux genoux. Mais plus que tout, je vois les enfants.

En 1943, les Allemands ont établi ce qu'ils appelaient un « camp familial » à Auschwitz-Birkenau. Le premier convoi de cinq mille personnes est arrivé de Terezin en septembre 1943, et personne n'a été gazé, pas même les vieux, ni même les malades, ni même les enfants. Au contraire, ils ont tous été mis ensemble dans un seul camp — hommes et femmes dans des baraques séparées, mais tout de même ensemble.

Notre convoi de quatre mille personnes est arrivé en deux sections à ce camp, appelé B II B. Il nous a été aussi permis de vivre. Tout était manifestement préparé en vue d'une inspection internationale, qu'il est difficile d'imaginer parce que nous vivions à moins de deux cents mètres des chambres à gaz. Je ne sais vraiment pas si les Allemands espéraient nous échanger contre des médicaments ou de la nourriture, ou autre chose. Mais, contre toute attente, nous sommes restés en vie.

L'horreur dans toute sa vérité nous est apparue clairement dans les vingt-quatre heures. Nous n'étions qu'une toute petite partie de l'immense complexe du camp environnant d'Auschwitz. Autour de nous, les chambres à gaz ne dérougissaient pas. La rampe où s'arrêtaient les trains avec leurs nouveaux arrivages se trouvait de l'autre côté des barbelés électrifiés juste en face de nous, et de jour comme de nuit, nous pouvions tout voir, aussi nettement que devant un spectacle sur une scène. Nous observions les arrivages, et l'infâme docteur Mengele opérant les sélections avec son entourage. Nous regardions aboyer les chiens, hurler les S.S. qui matraquaient les nouveaux arrivants, et les responsables détenus, les kapos, qui les battaient ; ensuite les flammes montaient bien haut et la fumée se faisait dense, et les chiens aboyaient encore plus férocement, et l'orchestre du camp jouait.

Les détenus qui étaient à Auschwitz depuis des années et possédaient certains privilèges venaient faire leur tour dans notre camp familial, soit par curiosité pour savoir qui nous étions, soit en provenance du

bureau central d'enregistrement pour nous tatouer ;
mais ils racontaient tous des histoires si horrifiantes
que cela dépassait l'entendement. Ruda, nos parents
et moi nous estimions quand même chanceux ; nous
étions toujours ensemble.

Ruda

Des cris, des cris et des hurlements fusèrent soudain de partout. Le quai où l'on nous avait poussés était déjà bondé de dizaines de S.S. tirant en l'air ou retenant d'énormes bergers allemands qui aboyaient et bavaient, et de quelques centaines de détenus curieusement vêtus d'uniformes et de bonnets rayés à la verticale en gris et bleu, certains portant même des bottes cavalières et de redoutables cravaches. Ils nous criaient en allemand, en polonais, en ukrainien, et même en tchèque de ne rien emporter avec nous : ils feraient suivre nos effets. Nous devions nous regrouper cinq de large et courir aussi vite que possible jusqu'à un énorme camion qui nous attendait au bout du quai surélevé. Nous avons réussi à monter tous les six dans le même camion ; nous attendant à un problème avec notre bagage, nous avions bourré nos poches de choses qui, à ce moment-là, nous semblaient indispensables. Eva et moi nous tenions à l'arrière du camion au moment où il partit. Illuminé par les projecteurs omniprésents, le nom de la gare ferroviaire était clairement visible à présent. Nous pouvions lire «Auschwitz» écrit en gros, et dessous en plus petit, « Oswieczim ». La gare était située sur le sommet d'une crête. Dans une large vallée en contrebas, nous aperçûmes tout à coup ce qui nous parut des millions de lumières (en dépit du couvre-feu), blanches pour la plupart, mais certaines bleues et rouges. Les lumières que l'on suspend à Noël en Amérique me rappellent cette vue d'Auschwitz et elles me furent pendant longtemps quelque peu pénibles.

Nous approchant de cette installation, déjà monstrueuse par sa dimension, nous aperçûmes des dizaines d'immenses habitations en planches entourées de poteaux et de barbelés éclairés, avec un mirador à chaque coin. Nous passâmes un de ces murs de barbelés, puis une rangée de bâtiments en pierre et une gigantesque barrière portant l'écriteau «Konzentrationslager Auschwitz» (camp de concentration Auschwitz) et surmontée, dans un arc, d'une inscription que je vis souvent plus tard dans d'autres camps : «Arbeit macht frei» (le travail rend libre). Le camion roula encore deux kilomètres et nous traversâmes une barrière coincée entre un mirador et une clôture électrique de barbelés dont chacun des poteaux était surmonté d'une lumière. À peu près deux kilomètres plus loin, nous pénétrâmes dans ce lieu, manifestement un camp, tapissé de S.S. et nous arrêtâmes devant une grande baraque en bois. Des détenus s'y trouvaient déjà et il ne nous fallut pas longtemps pour comprendre qu'ils étaient venus parmi les cinq mille qu'on avait embarqués à Terezin trois mois plus tôt. La plupart étaient habillés en civil, mais certains portaient l'uniforme rayé, et d'autres avaient même d'épais manteaux et casquettes en feutre bleu foncé et des brassards aux inscriptions variées – « Bloc # » ou « Kapo » et autres. Amis, connaissances et membres de la famille tentaient de se frayer un passage jusqu'à nous tandis que nous nous rangions ; pendant ce temps d'autres camions arrivaient et déchargeaient leur cargaison. Nous nous trouvions au camp de Birkenau, ou Auschwitz II, conçu comme un camp familial. Nous nous rangeâmes prestement de nouveau, cette fois les hommes, les femmes, et les mères avec leurs enfants regroupés séparément, et nous fûmes emmenés en rangs par deux à l'un des trente-deux blocs numérotés, à travers le complexe, qui avait un peu plus d'un kilomètre de long et environ cinq cents mètres de large. Juste avant de nous séparer, Eva et moi nous embrassâmes, et je la regardai s'éloigner, avec sa mère et la mienne, sous escorte, vers l'autre bout du camp. Nos pères et moi fûmes placés ensemble dans le bloc numéro quatorze. Nous fûmes vite entourés par nos compagnons détenus qui vivaient déjà là, et après une courte et sommaire interrogation, on nous donna notre baptême des nouvelles d'Auschwitz-Birkenau.

Eva

Ruda étant devenu le responsable des baraques prétendument médicales, nous avions donc suffisamment de pain, de margarine et de soupe à l'eau pour nous tous. Néanmoins, dès le premier jour de mon arrivée et jusqu'à ma libération en 1945, j'ai eu presque toujours faim. Ruda employait nos deux pères comme infirmiers au Revier, si bien qu'ils n'avaient pas à travailler dehors, ce qui impliquait habituellement de porter de lourdes pierres d'un endroit à l'autre sous les cris et les coups constants des kapos. Nos mères avaient l'autorisation de rester dans leur baraque, Ruda ayant soudoyé la surveillante. Je travaillais dans la baraque des enfants parce que je connaissais très bien le responsable de cet établissement ; c'était un remarquable jeune homme et un enseignant-né dont le seul amour était les enfants. Je m'occupais d'enfants d'âge préscolaire, et plus tard j'ai enseigné la lecture, l'écriture et l'arithmétique aux enfants des deuxième et troisième années.

À ce moment-là, nous avions bien sûr tout perdu ; quand nous sommes arrivés à Auschwitz, nous avons laissé sur la rampe les quelques maigres possessions que nous avions emportées. La seule exception était l'étroite ceinture-cordon en suède mauve que m'avait donnée ma belle-mère en me recommandant : « Essaie de la garder aussi longtemps que tu pourras. » J'y suis parvenue d'une manière ou d'une autre, quoique je ne me rappelle pas comment, et je la portais tout le temps. Autrement, nous portions des guenilles, des chaussures crevées sans chaussettes, et nous avons bien failli mourir gelés. Quand même, au bout de quelques semaines, nous arrivions à nous débrouiller, comme toujours. En échange d'un morceau de pain, une ration de margarine, ou une portion de soupe supplémentaire, Ruda réussissait à « organiser » un chandail, des chaussettes, et même des chaussures ou des bottes pour nous cinq. Étant le chef de la baraque, il était convenablement habillé par les Allemands ; ils ne traitaient jamais nez à nez de façon quotidienne avec un détenu qui n'était pas impeccable de sa personne.

Dans la baraque des enfants, je travaillais avec une fille nommée Ruth. Je la connaissais depuis Prague et Terezin, et nous sommes devenues très proches, si proches que nous avons fait le pacte de toujours rester ensemble. D'une certaine façon, nous savions que nous étions bonnes l'une pour l'autre.

Avec février est arrivé mon anniversaire de naissance, et Ruda est venu me retrouver dans la salle de lessive avec une pleine assiette de frites et de pelures de pommes de terre. Je ne crois pas qu'on ne m'ait jamais offert un aussi merveilleux présent d'anniversaire.

Il nous apparut de prime abord que ce camp n'était qu'une autre imposture, un autre «village Potemkine» destiné à la Croix-Rouge internationale (et donc au point de vue mondial). Leurs représentants n'y firent que deux visites pendant mon séjour. Il nous apparut aussi que c'était un miracle que nous n'ayons pas été forcés de faire à pied les quatre kilomètres jusqu'à la rampe (des voies d'évitement y étaient en construction, et les trains ne commencèrent à s'y rendre que quelques mois plus tard), où se tenait habituellement un groupe de S.S. désabusés et blasés, surtout le commandant S.S. d'Auschwitz et les S.S. de la division sanitaire (des médecins pour la plupart), qui orientaient le cortège des arrivants. La grande majorité des détenus, incluant les vieillards et les enfants, devait habituellement se ranger à gauche, alors que se plaçaient à droite les bien portants et les bien faits.

Ceux-là envoyés à gauche devaient attendre en file un bon moment ; pendant ce temps, les détenus affectés au tri des bagages et des effets personnels essayaient de les dépouiller, sous prétexte qu'ils n'auraient plus besoin de rien. De fait, en cela ils n'avaient pas tort. Ensuite, par groupes de trois ou cinq cents dépendamment de l'installation, ils entraient dans un bâtiment de plain-pied, descendaient un large escalier, et là on leur disait qu'ils devaient prendre une douche ou un sauna afin de

prévenir la propagation de graves maladies infectieuses parmi eux. On leur donnait un sac avec une
étiquette pour leurs vêtements et leurs affaires,
qu'on allait aussi désinfecter. On leur déclarait que
ce n'était ni le moment ni le lieu pour se montrer
pudique ; ils devraient prendre leur douche tout nus,
hommes, femmes et enfants ensemble. Lorsque était
remplie à pleine capacité la chambre, où l'on avait
installé des pommes de douche partout au plafond,
la porte était hermétiquement fermée et une mesure
d'acide sulfurique était versée sur des granulés de
cyanure de potassium disposés dans quatre conduits
de ventilation. De grands ventilateurs exhalaient le
gaz de cyanure généré par cette réaction chimique
simple, et vingt douloureuses minutes plus tard,
les gens étaient morts.

On inversait alors la direction des énormes
ventilateurs afin d'aspirer le gaz de cyanure et
souffler de l'air frais dans les chambres pour que
le « kommando » spécial puisse faire son travail.
Ces détenus, selon toute apparence impitoyables
et endurcis, devaient traîner les cadavres à travers
l'antichambre jusqu'au crématoire à l'autre bout
de l'installation, où se trouvaient de grands fours
pouvant contenir entre quinze et cent corps.
Comme il était difficile de sortir les cadavres des
bâtiments ! Lors de gazages expéditifs, les cadavres
devaient être brûlés dans des fosses à ciel ouvert,
où il fallait encore les y traîner. Les très petits
enfants étaient souvent jetés vifs dans le feu du

crématorium, car ils ne mouraient pas aussi vite.
Les détenus arrivaient parfois à persuader les S.S. en
service de les abattre avant, mais les S.S. se montraient très réticents à le faire ; non seulement cela
gâchait leur plaisir sadique, mais le bruit de la déto-
nation risquait d'alerter les files qui attendaient.

Eva

*Les gens mouraient comme des mouches, certains, de
faim ou de dysenterie, d'autres, à la suite d'un passage
à tabac, d'autres encore n'arrivaient plus à rester des
heures debout pendant l'appel (l'appel se faisait deux
fois par jour), quelques-uns abdiquaient simplement.
Les fours fonctionnaient sans arrêt ; les flammes montaient haut dans le ciel, et nous nous croyions en enfer.
Pourtant non, ce n'était pas l'enfer — pas encore. Parce
que alors est arrivé le 6 mars 1944. Les aimables
détenus du bureau central d'enregistrement ont envoyé
un message à notre camp : « Prenez garde — une importante* Aktion *se prépare [*Aktion *était le terme allemand
employé pour la rafle et le gazage aléatoires d'un grand
nombre de personnes]. Le* Sonderkommando *est en
service. »*[4] *Ce jour-là, les S.S. ont annoncé le couvre-feu
total dans notre camp jusqu'à nouvel avis. Vers midi,
les haut-parleurs se sont mis à cracher l'ordre à tous*

---

4   Le *Sonderkommando* se composait de détenus affectés aux chambres à gaz et au
crématoire. Ils disposaient de privilèges très spéciaux, mais ils étaient périodiquement
gazés avec les victimes, et un nouveau « kommando » était alors formé.

les détenus arrivés de Terezin en septembre de sortir des baraques et de se placer comme d'habitude en rangs par cinq pour le dénombrement ; ils devaient être relocalisés dans un camp complètement nouveau où ils travailleraient pour une industrie récemment établie et considérée comme vitale dans l'effort de guerre du glorieux Reich allemand. Entre-temps, était-il annoncé, ils passeraient tous la nuit dans le camp voisin B I B, qui avait précédemment hébergé les prisonniers russes, mais qui, depuis la veille, était vide. Et donc, ils restaient debout — hommes, femmes et enfants. Ils ne croyaient pas tout à fait ce qu'on venait de leur dire, mais la nature humaine étant ce qu'elle est, ils espéraient contre toute espérance. Certains ont tenté de se cacher, mais ils ont été découverts et battus, et pour finir, contraints à rester debout avec les autres tandis que les Allemands recommençaient le comptage. Finalement, quatre ou cinq heures plus tard, le compte y étant, ils ont été emmenés dans le camp à côté du nôtre, mais séparés de nous par des rangées doubles de fil électrifié.

Assis sur nos châlits, nous nous sommes blottis ensemble. Le couvre-feu était toujours en vigueur pour nous. Ruth et moi savions ce qui allait arriver, mais maman ne pouvait pas ou ne voulait pas comprendre. Il n'y a pas eu d'Appell pour nous ce jour-là, ni de nourriture. Seulement de l'épouvante.

Cela a commencé après la tombée de la nuit. Des camions entraient de façon continue dans le B I B et nos amis s'y sont entassés sous les coups de pied, les coups de matraque et les hurlements des Allemands.

Certains sont montés calmement, d'autres demandaient grâce. Quelques-uns ont voulu résister et ont été abattus sur place, et les chiens se sont jetés avec des aboiements féroces sur les cadavres. Certains ont embarqué dans les camions en chantant l'hymne national tchèque. Pendant que nous regardions par les fenêtres minuscules des baraques, des flammes rouges se sont élevées, et de la fumée noire s'échappait de toutes les cheminées. Toutes les cheminées fumaient ; tout crachait rouge et noir des nuées infernales dans le ciel du matin.

Nous sommes tous morts un peu cette nuit-là, mais le désir de vivre était si fort en nous que le jour suivant, nous vaquions à nos affaires comme d'habitude, mais osant à peine jeter un regard sur les bouleaux qui faisaient écran aux fours diaboliques. N'empêche que j'y ai jeté un coup d'œil une fois, juste assez longtemps pour remarquer un peu de vert sur les branches dénudées des bouleaux. Bien sûr, nous étions déjà en mars. J'ai montré les nouvelles pousses à Ruth, et nous avons pensé toutes les deux, folles que nous étions, que c'était peut-être signe d'espoir : peut-être nous en sortirions-nous, après tout !

Ruda

Ma situation me permettait de circuler autour d'Auschwitz, par conséquent je pus parler aux hommes du «kommando» spécial, qui vivaient dans le D IV B, deux rangées de camps au nord. Ils savaient qu'un jour, ils seraient eux-mêmes enfermés avec un nouveau chargement de détenus. Ce qui se produisit trois fois au total. La dernière fois, les détenus du «kommando» se défendirent longtemps contre leurs gardes S.S. Sauf trois, ils furent tous tués à la fin, mais beaucoup de S.S. périrent aussi au cours de cet incident.

Nos informateurs nous apprirent qu'il existait cinq crématoires dissimulés derrière les bosquets de bouleaux, seuls arbres restants une fois Auschwitz construit. La superficie du complexe du camp était d'environ soixante-cinq kilomètres carrés. Sept villages polonais avaient dû être complètement rasés ; déjà plat, le terrain marécageux fut encore nivelé, et les fossés et les creux furent comblés. Pas même un brin d'herbe ne poussait sur cette terre du diable. La moindre pluie détrempait le terrain qui devenait boueux, si bien que nous, les détenus, nous y enlisions à mi-mollets, tout particulièrement lors des deux procédures quotidiennes du dénombrement et du rapport. Les trois camps principaux d'Auschwitz avaient une capacité d'un quart de million de détenus, lesquels constituaient un immense réservoir d'esclaves pour les mines de charbon et de minerai d'or, et d'ouvriers pour les différentes usines établies par de nombreux Allemands de façon régulière autour d'Auschwitz et qui continuent de prospérer à ce jour. Le nombre total de S.S. qui gardaient le complexe oscillait entre six et quatorze milliers, la moitié d'une division militaire de brutes humaines spécialement entraînées.

Nous écoutâmes sidérés cet exposé qui nous laissa muets de stupeur et déroutés. Nous pouvions donc enfin nous expliquer la peur prémonitoire, les cartes postales, les employés polonais du train, les immenses flammes jusqu'au ciel et la curieuse odeur qui flottait dans l'air.

Ils poursuivirent : « Méfiez-vous de la plupart des officiels détenus, quelle que soit leur situation. » Le camp et chacun des blocs avaient un maire, un adjoint au maire et un commissaire de la division du travail. Et nous devions tout particulièrement nous méfier des kapos (chefs de « kommando ») responsables des « kommandos » de travail, et puis, surtout de l'*Oberkapo* (superkapo), un bossu qui avait été bourreau professionnel dans la vie civile.

C'était, pour la plupart d'entre nous, le maximum d'informations que nous étions capables d'absorber en une seule fois, mais nous apprîmes le reste des détails dans les jours suivants. Vingt-quatre des trente-deux baraques, ou blocs, servaient d'habitations. Chacune de ces baraques était pourvue d'une barrière orientée vers le centre du camp, et d'une autre à l'arrière. Il y avait à l'intérieur, dans l'entrée, deux petites pièces, une de chaque côté, et une longue structure en briques – d'environ un mètre de haut, sur un mètre de large et trente-six de long – où se trouvaient les chambres de chauffage. De ces dernières s'élevaient deux cheminées qui longeaient le plafond de chaque côté de la baraque.

L'entière structure en bois était originellement une étable, construite pour recevoir deux cents hommes et quarante chevaux. S'y tassaient à présent des rangées de châlits à trois étages en planches grossières ; l'espace entre les étages était d'environ trois quarts de mètre. Chacun des châlits d'environ trois mètres de large accueillait huit à dix détenus, à qui l'on fournissait, avec de la chance, trois ou quatre couvertures de cheval en tout. Ils étaient entassés tellement serré que si l'un d'eux voulait se tourner pendant la nuit, tous les autres devaient se retourner en même temps.

L'espace entre la cheminée et le châlit était d'environ deux mètres, juste assez large pour que les détenus puissent se croiser, faire des étirements ou une rare toilette, et se poster en rangs de cinq devant leur châlit lorsqu'on le leur ordonnait. À l'arrière se trouvaient cinq barils et tabourets réservés à l'excrétion, un seau de chaux et une pelle pour épandre celle-ci (ce qui ne donnait pas grand-chose), et une estrade en bois d'à peu près trois mètres sur deux, dont je découvris assez vite la fonction. Les autres blocs comprenaient la cuisine, le bureau d'enregistrement, l'approvisionnement, les enfants, et les latrines.

Le bloc des latrines devint l'établissement où perdre nos inhibitions. Il contenait quatre rangées de coffrages de béton dans lesquels s'alignaient, à un mètre de distance, des trous d'à peu près cinquante centimètres de diamètre, ce qui permettait à quatre cents détenus assis de se soulager en même temps. La moitié de ce bloc était attribuée aux femmes, mais il n'y avait aucune séparation, et pas d'objection à se mêler si nécessaire, et si le kapo qui supervisait était d'accord. Il devint bientôt clair que ce serait le seul endroit de rendez-vous sûr, car autrement il était strictement défendu aux détenus de se mêler : aucun homme n'avait le droit d'entrer dans une baraque de femmes, et vice versa.

Le jour suivant, nous fîmes la queue pour nous faire tatouer au bloc d'enregistrement. Un simple numéro sur l'avant-bras gauche substitua la condition nouvelle d'espèce inhumaine à notre ancienne identité civile. Ce numéro nous accompagnait en permanence, remplaçant nos nom, date de naissance, lieu d'origine et occupation, qui étaient inscrits sur une carte à part. Nous découvrîmes que nom, date de naissance et lieu d'origine ne signifiaient rien. Aux Juifs polonais endurcis du camp d'enregistrement central qui venaient nous tatouer, quelqu'un déclara s'appeler Julius G. César, né à Rome en 64 A.D., et le secrétaire l'inscrivit sur une carte sans même sourciller, lui attribuant toutefois un tatouage normal.

Le détenteur du plus petit numéro que je n'aie jamais rencontré, le numéro sept, était le doyen de notre camp, un détenu allemand qui avait commis plusieurs meurtres, mais qui, pour nous du camp familial, se montra toujours une créature relativement honnête ; du moins puis-je affirmer qu'il ne fit de mal à personne. Il fut enrôlé dans l'armée allemande en 1944 et il quitta Auschwitz. Les plus petits numéros suivants, dans les premiers mille, appartenaient à des Juifs slovaques, surtout des femmes, qui étaient arrivés en 1942, et avaient réussi à survivre dans les blocs de l'enregistrement ou de l'entrepôt. De nombreuses années plus tard, à Montréal, j'en ai rencontré quelques-uns qui avaient survécu à la guerre ; c'étaient des gens honnêtes, consciencieux et soumis.

Il est intéressant de noter qu'après la guerre, certains survivants ont fait enlever leur tatouage. J'ai moi-même exécuté cette opération de nombreuses fois, par excision ou par abrasion. Ces survivants ne voulaient pas porter toute leur vie la « marque de Caïn » ou bien ils craignaient d'être de nouveau une cible visible. Comme la plupart des gens à travers le monde ne connaissent plus la signification d'un numéro sur le bras gauche, beaucoup de mes compagnons survivants, lorsqu'on leur pose sans délicatesse la question, répondent qu'il s'agit de leur numéro de téléphone ou de sécurité sociale. Je portais et porte encore le numéro 168765. Mon père et mon beau-père portaient les deux numéros ensuite du mien.

Les femmes se faisaient tatouer dans la file à côté de nous, et je pus donc parler à Eva de nouveau. Lorsque nous retournâmes au bloc, on nous divisa en différents « kommandos » ; on désigna les chefs de section du bloc, qui venaient tout de suite après les doyens de groupe, selon la hiérarchie du camp. Le chef du bloc quatorze me connaissait depuis Terezin, et il me choisit comme coursier du bloc, et adjudant personnel du « trio officiel », ce qui se dit mieux que « serviteur ». C'était apparemment un emploi très convoité ; il me mit en situation privilégiée. En général, les exceptions concernaient les officiels et les détenus affectés aux emplois d'entretien (ou à l'enseignement, ce qui était un arrangement tout à fait exceptionnel particulier à notre camp). J'avais une liberté de mouvement plus grande que la majorité des détenus, puisqu'une de mes fonctions était d'acheminer les messages et du ravitaillement entre les différents blocs. Je dormais dans la partie avant du bloc entre les deux petites chambres des officiels et les rangées de châlits, sur une paillasse dans un coin de l'estrade, et j'étais nanti de deux couvertures. Je recevais d'office une portion double de chaque ration, et les officiels me donnaient souvent la nourriture dont ils ne voulaient plus. Ils se comportaient tous comme d'arrogantes imitations juives des S.S., et par conséquent je me sentais comme un chien, ou même un cochon destiné à l'abattoir.

Le chef de notre bloc nous expliqua le fonctionnement du camp et du bloc. Tôt le matin et tard le soir après le travail, nous devions nous rassembler devant le bloc en rangs de cinq pour que les S.S. nous dénombrent à l'aide d'une ardoise sur laquelle ils marquaient et additionnaient les présences, ce qui était tout un exploit pour la plupart d'entre eux[5]. On désignait quelqu'un pour garder l'entrée du bloc et annoncer l'approche des S.S. Le chef du bloc ou son second donnait l'ordre de nous mettre au garde-à-vous, cinq de large, devant les châlits. Les chefs de section du bloc étaient chargés de veiller à la prompte exécution des ordres et à ce que tout le monde soit bien au garde-à-vous. Tout devait s'effectuer à la militaire, en dix secondes. À l'entrée des S.S., le détenu responsable de la garde du bloc lançait : « Garde-à-vous ! », que reprenait le chef du bloc ou son second en ajoutant : « Découvrez-vous », à quoi il fallait répondre d'abord par un claquement simultané du talon, suivi d'un tapement leste et synchronisé de casquette au flanc. Le chef du bloc rebattait l'ordre avec un bâton de marche ou une canne pour réduire le temps d'exécution à moins de dix secondes. Face à notre inaptitude à suivre les ordres, il devenait de plus en plus furieux. À la fin, son second et lui commencèrent à manier la canne, fouettant sans pitié à droite et à gauche. Quand vint le soir, ils avaient battu à mort sept nouveaux arrivants. Dans un silence complet, les corps furent placés sur l'estrade près de l'entrée

---

5   Les S.S. affectés aux blocs appartenaient à la plus basse caste de la hiérarchie S.S. Ils étaient d'habitude des *Volksdeutsche*, ressortissants allemands vivant en minorité dans les pays occupés par les Allemands ou qui leur étaient amis. En règle générale, ils avaient une instruction rudimentaire et leur allemand était atroce, pourtant ils se comportaient tous en infects « maîtres du monde ».

arrière en attendant qu'on les sorte le lendemain matin en même temps que les corps des autres blocs, qu'on empileraient alors dans une charrette à foin tirée par une douzaine de détenus d'un «kommando» spécial jusqu'au crématoire.

J'avais peine à concevoir ce qui avait pu transpirer, ce qui était arrivé à ces gens qui seulement trois mois plus tôt débarquaient encore civilisés de Terezin. Mais je comprenais clairement pourquoi l'on m'avait dit : «Méfiez-vous de la plupart des officiels.» Ils devenaient de véritables fous furieux, croyant que la brutalité pouvait assurer leur situation, et donc leur sauver la vie. La majorité des détenus étaient affectés au «kommando» du transport de pierres, rapportant des pierres de la carrière et construisant la «route» centrale du camp. Les chanceux restaient à l'intérieur du camp, et même à l'intérieur du bloc. Grâce à l'intervention de mon «patron», je réussis à trouver à mon beau-père une situation à l'intérieur du bloc et à mon père, un emploi à l'approvisionnement.

Eva devint conseillère dans le bloc des enfants et nos deux mères s'arrangèrent pour trouver des emplois subalternes, mais à l'abri à l'intérieur du bloc. Eva et moi arrivions à fournir un peu de nourriture additionnelle à nos parents, ce qui s'avérait d'autant important que la nourriture était rare. On nous servait des ersatz de légumes le midi, et le soir, une portion de navets presque toujours pourris (à ce jour j'ai une certaine aversion pour les navets), prétendument cent cinquante grammes de pain noir, et une petite tranche de margarine ou d'ersatz de confiture.

Les officiels détenus étaient en général mieux nourris. Ils recevaient tous des rations triples et avaient habituellement les moyens de s'en procurer davantage. Il n'était pas rare qu'un chef de bloc ne déclarât ses morts qu'après le dénombrement du matin ; il disposait ainsi de rations fournies en sus par les nouveaux morts. Par conséquent, certains apparaissaient très à l'aise. Ainsi, dans tous les camps, à de rares exceptions près, la raison du plus fort était toujours la meilleure – une proposition, comme je l'appris vite, renfermant en elle-même ses conséquences fatales.

Le pain était manifestement la plus précieuse des commodités chez les détenus ordinaires. Puisque beaucoup de nouveaux venus qui avaient évité l'habituelle première sélection apportaient avec eux divers articles de contrebande (tous punissables de mort) tels que des cigarettes, des montres, et même des bijoux cachés dans des pièces de vêtements variées, un échange constant avait cours entre les officiels du camp, qui s'appliquaient à déceler les objets de valeur pour les voler, et les différents travailleurs tels que les électriciens, plombiers, et autres hommes d'entretien et de ravitaillement, qui arrivaient d'autres camps. Tous ces articles étaient finalement échangés avec le petit nombre d'employés civils travaillant dans le complexe d'Auschwitz, particulièrement dans les usines, et même avec les S.S. dont la convoitise était sans fond.

Les mœurs étaient passablement dépravées dans le camp-prison. Le chapardage était monnaie courante ; les détenus volaient tout ce qu'ils trouvaient, partout où ils allaient. Nous disions d'ailleurs « organiser », probablement parce que le vol étant difficile pour un individu, plusieurs détenus devaient nécessairement coordonner leurs efforts. « Qui ne vole pas ne survit pas » ou « Qui trop hésite ne mange pas » ou encore « Perdu est celui qui s'offre », et ainsi de suite : les slogans du camp servaient d'antidote aux slogans des marches militaires que les S.S. chantaient aux relèves de la garde et à la retraite. À ce stade du moins, les détenus ne se volaient pas entre eux, mais la faim, l'insécurité, la cruauté environnante et le désespoir absolu dépouillaient graduellement les détenus des inhibitions de la civilisation.

Seulement quelques dizaines d'individus mieux nourris et logés – officiels, kapos, chefs de bloc, cuisiniers, travailleurs de l'approvisionnement – maintenaient une vie sexuelle active. Notre « camp familial » étant mixte, il y était toujours possible d'obtenir des faveurs sexuelles en échange de nourriture ou de vêtements ou d'une meilleure situation dans le camp. Cet échange ne me gênait pas tant qu'il avait lieu entre détenus – soit les gens du coin, soit les travailleurs spécialisés, c'est-à-dire les détenus qui ne venaient au camp qu'à l'occasion.

Mais au mépris de la pureté de leur sang et de leur position de pouvoir absolu à l'égard des détenus, certains S.S. poursuivaient les belles filles. La peur et le désir de survivre incitaient certaines filles à coopérer. Cette situation me faisait bouillir de rage meurtrière. Enfin, la plupart des détenus étaient indifférents, impotents, ou dans le cas des femmes heureusement aménorrhéiques en raison de la pression physique et psychologique et de la terreur.

Les trains commencèrent à arriver directement dans Birkenau. Du côté ouest du camp se déroulait sous nos yeux la parodie S.S. de sélection des détenus arrivants — surtout des Juifs (ainsi que des Roms, très peu d'autres groupes). Ils étaient presque toujours assez nombreux pour satisfaire au quota quotidien des chambres à gaz de dix ou parfois vingt mille. Lorsque leur nombre s'avérait insuffisant, le camp présentait un réservoir potentiel pour remplir le quota grâce à une sélection interne. Et il était impossible de s'évader : une zone frontière bien éclairée de deux mètres de large s'étendait tout autour des camps. Les clôtures de fil barbelé avaient une tension de 800 V et des gardes armés de mitraillettes étaient postés dans les miradors à chaque coin. En somme, toute tentative d'évasion signifiait une mort certaine.

Mais la vie à l'intérieur du camp parmi nos compagnons détenus se révélait par moments tout aussi dangereuse. Hommes ou femmes, les chefs de bloc du convoi de septembre étaient des individus pompeux et souvent cruels. Un jour, je rencontrai Eva aux latrines et la raccompagnai, manifestement pour remettre un message au bloc des enfants. Je retournai au bloc quatorze, douze minutes après le couvre-feu de vingt heures et le sous-chef me surprit à la barrière. Il me connaissait bien, car j'étais son serviteur, mais il savait que je n'avais aucune excuse. Pour faire une démonstration publique de son intransigeance, il m'ordonna d'enfoncer la tête dans la porte en fonte du four de la cheminée, et m'assena brutalement vingt-cinq coups de canne sur les fesses. Ce fut vraiment la seule fois qu'un autre détenu me battit au camp[6]. Par la suite, j'eus longtemps de la difficulté à me mouvoir, car assurément que mon coccyx avait été cassé. Les effets de cet incident me marquèrent si profondément que je décidai finalement de trouver le moyen de sortir de cette prison. Grâce au cousin d'Eva, qui était arrivé avec le convoi de septembre, j'obtins un emploi d'infirmier au *Revier* du camp.

Le *Revier* était un établissement atypique constitué de deux blocs, parfois deux et demi : un pour les femmes malades, un pour les hommes, et une demie pour les « cas spéciaux », c'est-à-dire ceux qu'on préparait pour les expériences. Les bâtiments

---

6   Des années plus tard, à Montréal, j'ai rencontré son frère qui avait servi dans la division tchèque de l'armée britannique pendant la guerre. J'ai pu l'informer du sort de son frère, mais je ne lui ai pas fait part de cet épisode.

étaient essentiellement semblables aux autres : de vastes écuries en bois munies d'une cheminée centrale. Mais les châlits triples s'y entassaient encore plus serré de façon à n'occuper que la moitié arrière du bloc. La moitié avant, spécialement dans le dernier bloc, le numéro trente-deux, comportait de petites chambres d'environ deux mètres et demi carrés et logeait les officiels, leurs serviteurs, les médecins, le personnel infirmier, une petite pharmacie avec du matériel tout à fait rudimentaire, et deux chambres de chirurgie équipées de tables chirurgicales grossières et d'installations sanitaires. La plupart du temps, les seules « opérations » qu'on y effectuait consistaient dans le traitement de coupures ou de fractures accidentelles, et dans l'occasionnel avortement. Les médecins S. S se spécialisaient dans la biopsie et la laparotomie comme expériences de « recherche » sur les jumeaux, la stérilisation humaine et autres curiosités médicales.

Le médecin en chef d'Auschwitz, l'infâme docteur Mengele, était le diable en personne. Le raffinement du procédé d'extermination était de son cru — notamment le soin particulier que les S.S. apportaient à la sélection. Mengele représentait la quintessence du modèle nazi : il était jeune, imprégné d'idéologie et absolument impitoyable. Un camp d'extermination tel qu'Auschwitz n'existait que dans un seul but : détruire aussi rapidement et efficacement que possible le plus grand nombre de Juifs (et autres indésirables). Ceux qui réussissaient à passer la première sélection se retrouvaient dans les camps à travailler comme des forçats dans les usines et les mines qui s'y rattachaient, jusqu'à ce qu'ils meurent et qu'on les remplace.

Seuls quelques détenus méritaient l'attention de Mengele. Il s'intéressait tout particulièrement aux jumeaux et aux triplés ; lesquels intégraient automatiquement le camp. Des individus très malins prétendirent, avec succès, qu'ils étaient des jumeaux et certains d'entre eux se trouvaient dans notre camp. Les médecins du camp et les médecins S.S. prirent diverses mesures sur des échantillons d'excrétions et de sperme, et tentèrent même des prélèvements chirurgicaux d'ovocytes sur des jumelles. Il s'agissait sans doute d'une tentative non seulement de comprendre le mécanisme des naissances multiples, mais aussi d'accroître plus rapidement l'éclat de la « Race supérieure » par quelque procédé de clonage. Les expériences de stérilisation de Mengele ainsi que ses autres intérêts (un duquel je fus témoin et que je m'apprête à décrire) n'étaient que les effets secondaires de son esprit meurtrier.

J'étais quotidiennement en contact direct avec le docteur Mengele. Il venait vérifier les résultats des mesures et des biopsies réalisées sur les jumeaux internés et suivre les effets de nouveaux médicaments relativement aux progrès des détenus infectés par la typhoïde ou autre type particulier de dysenterie. Deux vagues de fièvre typhoïde et de dysenterie se propagèrent à travers le camp, mais heureusement presque toute notre famille avait été vaccinée à Prague contre ces maladies. Le *Revier* regorgeait aussi de cas de maladies respiratoires et gastro-intestinales, et de conséquences d'accidents causés par la malnutrition, l'hypothermie et le passage à tabac. Nous avions, pour traiter les patients, un approvisionnement limité de médicaments connus et inconnus, surtout du sulfamide, et lorsque nous en donnions, les observations sur les progrès étaient minutieusement fichées. Découvertes et résultats restaient approximatifs ; il n'y avait manifestement aucune véritable raison de tenir ces dossiers, mais même alors on ne pouvait contrevenir à la pédanterie allemande. Pourtant, en dépit de ces traitements, le taux de mortalité générale dépassait les cinquante pour cent.

Un jour, Mengele fit mander l'un de nos médecins, un psychiatre et hypnothérapeute de renommée mondiale, et l'invita à faire une démonstration d'hypnotisme. Mengele choisit aléatoirement un détenu qui fut emmené dans la salle de « soins », et où on lui dit que rien ne lui arriverait s'il écoutait et suivait très attentivement ce qu'on lui demanderait de faire. Les tâches prévues étaient de prendre le portefeuille de Mengele et de s'en aller en l'emportant. Après qu'on eut parlé au détenu durant une dizaine de minutes environ, il exécuta ses tâches sans en être le moindrement embarrassé, et je l'arrêtai juste comme il se préparait à disparaître avec le portefeuille. Il le remit dans la poche latérale de Mengele et on lui ordonna de se réveiller et de partir. Une discussion suivit à propos de la théorie voulant qu'un sujet sous hypnose soit incapable d'agir de manière immorale ou illégale. Mengele y alla de son explication : les Juifs n'avaient aucun sens de la décence et de l'honnêteté de toute façon. Il ne lui était jamais venu à l'idée qu'on avait enlevé son vernis moral et social au détenu désemparé et déshumanisé et que plus rien ne lui importait. En fait, cette expérience excita mon intérêt pour l'hypnose même si, des années plus tard, quand je commençai à pratiquer et à enseigner la psychanalyse, je n'ai été capable qu'à l'occasion de raconter le rôle qu'avait eu ce diable dans mon choix.

En tant qu'infirmier, je travaillais des quarts de douze heures, et j'étais responsable de quatre châlits à trois étages, ce qui comportait entre quarante et soixante patients. C'était un emploi exténuant dans une atmosphère sisyphienne de futilité. Peu importe ce que nous, du personnel sanitaire, faisions pour ces patients, ce n'était qu'à peine suffisant, si ce n'était pas tout à fait vain. Les patients abdiquaient simplement et mouraient, emportant parfois de précieux souvenirs. Et nous apprîmes bientôt nous aussi à ne déclarer les morts qu'après le dénombrement du matin (l'appel), si bien que nous disposions de nombreuses rations en supplément, que nous répartissions entre nous pour nourrir nos familles et amis.

Le bloc des enfants où travaillait Eva semblait appartenir à un autre monde. Les S.S. y avaient autorisé les pupitres et les tableaux noirs, et on y enseignait aux enfants, divisés en groupes, quelques matières et même des chansons. Il était incongru de les entendre chanter dans cette atmosphère de mort, mais encore plus déplacés étaient les orchestres qui jouaient à l'entrée des bâtiments des camps d'hommes et de femmes. Ces orchestres étaient formés de détenus virtuoses venant de partout en Europe, et jouaient surtout au moment où les «kommandos» de détenus entraient ou sortaient du camp, un répertoire populaire du côté des hommes, et habituellement classique du côté des femmes. On entendait à des kilomètres leur musique et particulièrement les cuivres.

Dans ce camp familial, les doyens des détenus appartenaient à une catégorie distincte. Ainsi que je l'ai déjà mentionné, les chefs de bloc se montraient très souvent cruels et violents. Les *Reviere* étaient dirigés par un administrateur de prison spéciale- ment désigné, qui troquait contre faveurs excep- tionnelles les «trésors» — quelques-uns, directement aux S.S. — de beaucoup de détenus morts ou mou- rants. Les kapos de la cuisine, de l'entrepôt et de l'approvisionnement étaient des Polonais, intéressés surtout aux femmes, même si tout rapport sexuel se voyait sévèrement puni. Il n'existait que deux exceptions parmi les doyens des détenus: l'un d'eux, le meurtrier allemand incarcéré en 1934 et libéré du camp pour entrer dans l'armée allemande, se trouvait à la tête de tout le camp. Sa phase de cruauté était derrière lui ; il en avait trop vu, trop vécu, et par conséquent il essayait de paraître relativement juste. L'autre, un jeune spécialiste de l'éducation, dirigeait le bloc des enfants. Il était honnête, et ainsi qu'il le prouva, très courageux.

Le 5 mars 1944, les détenus du camp d'enregistrement central s'amenèrent porteurs d'une nouvelle bouleversante. Ils venaient enregistrer les cinq mille membres du convoi de septembre au complet, ou ce qui restait d'eux, lesquels devaient être immédiatement évacués du B II B vers un nouveau camp familial. Chacun des officiels du camp chercha à obtenir de quelque façon que ce soit la confirmation de cette nouvelle. Était-il prévu un train en plus ? Avait-on mis en alerte le « kommando » spécial ? Y avait-il un nombre anormal de S.S. à Birkenau ? Il était difficile de le savoir avec certitude, car les trains remplis de Juifs hongrois affluaient, et les Allemands gazaient vingt mille détenus par jour. Ce qui signifiait que l'on pouvait répondre par l'affirmative aux trois questions. Une appréhension horrible appesantissait l'atmosphère d'Auschwitz saturée de cendres. Allions-nous mourir ? Était-ce une autre ruse des Allemands ? Quelques blocs du côté de l'entrée du camp furent rapidement évacués, puis remplis d'hommes et de femmes, séparant le convoi de septembre des nôtres. Seuls les enfants restèrent solennellement assis à attendre dans leur bloc.

On n'entendit pas le roulement de l'appel ce soir-là. À dix-neuf heures, plusieurs centaines de S.S. bien armés entrèrent au pas dans le camp et un couvre-feu total fut déclaré. C'était mauvais présage. Tout comme les fuites provenant du bureau d'enregistrement : sur toutes les cartes des détenus du convoi de septembre étaient inscrites les lettres S.B., pour *Sonderbehandlung,* «traitement spécial» – les chambres à gaz. Un silence chargé de menaces envahit le bloc tout entier ; ensuite, vers vingt-deux heures, l'horreur véritable s'installa. Les S.S. donnèrent l'ordre à tous les détenus en attente d'une nouvelle déportation de se déshabiller et de monter dans les camions qui affluaient. Ils résistèrent tous et combattirent désespérément les S.S. Jusqu'à quatre heures du matin, on entendit des cris à figer le sang, des coups de feu et des pleurs. Puis les enfants furent embarqués. Le chef du bloc, leur «proviseur», leur distribua à tous de fortes doses de phénobarbital et aida les quelques pitoyables centaines d'enfants à monter dans les camions. Ensuite il mourut en combattant les S.S. Ce fut la nuit la plus longue de notre vie[7].

Pétrifiés, la plupart d'entre nous demeuraient silencieux. Certains parvenaient à pleurer sans bruit,

---

7   Le 6 mars fut proclamé jour du Martyre pour les Juifs tchèques. La messe du souvenir à laquelle nous assistâmes à Prague le 6 mars 1946 fut notre dernière cérémonie religieuse pour les trente années qui suivirent.

d'autres arrivaient encore à prier. Eva et moi, qui avions été élevés sans principes de religion, avions le sentiment qu'aucun Dieu n'existait vers lequel nous puissions tourner nos prières dans un tel moment. À cinq heures, deux S.S. portèrent au bloc trente-deux du *Revier,* où je travaillais cette nuit-là, l'ordre spécial de mettre sur des civières pour déportation immédiate tous les patients du convoi de septembre. C'était un ordre abject, car cela signifiait « les préparer à se faire gazer ». Tous les camions étaient manifestement partis, on n'entendait plus de l'autre côté du camp que des bruits lointains, provenant probablement de l'enlèvement des cadavres et de la remise en état après le massacre ; nous espérions qu'il s'agissait d'un autre de ces ordres stupides et que les patients seraient laissés tranquilles. En effet, on les laissa en paix. Mais seulement deux d'entre eux survécurent à l'holocauste ; les autres moururent de maladie. Vingt-deux autres détenus du convoi de septembre survécurent aussi — surtout du personnel des services sanitaires, y compris le chef détesté de l'administration du *Revier* des détenus, qui réussit à sauver ce groupe d'un horrible sort et à le rattacher plus tard à notre camp. Comme nous ne disposions pas de civières, je suggérai que nous prenions deux planches d'étagère du châlit et que nous attachions une couverture aux quatre coins, pour créer ainsi une civière grossière. J'étais le plus proche de la porte d'entrée, qui s'est ouverte brusquement comme nous y étions affairés.

Une procession de S.S. s'engouffra, avec en tête l'infâme médecin en chef, suivi de ses adjudants, du commandant du camp S.S., et de plusieurs S.S. du bloc. La procédure habituelle était ruinée : il ne se trouvait aucun garde pour les annoncer au chef du bloc, pas de chef de bloc pour commander le bloc au garde-à-vous, regrouper le personnel en rangs de cinq et déclarer le nombre de détenus. Me rendant compte que j'étais juste à côté de ces méprisables créatures, je me dressai, fit claquer mes talons, commandai au bloc de se mettre au garde-à-vous, et déclinai impromptu le nombre de détenus malades, de détenus morts et d'employés se préparant à la déportation. Le commandant me demanda d'une voix tonitruante ce que nous faisions vraiment, et je répondis promptement qu'en conformité avec l'ordre qui nous était parvenu à dix-sept heures, nous préparions les civières. Les S.S. nous regardèrent, firent demi-tour, et ils s'apprêtaient à sortir lorsque le commandant dépêcha un S.S. de bloc pour demander mon numéro.

Ce fut un triste, détestable matin quand on nous rassembla pour l'appel. La moitié du camp était partie – morte. Nous nous agitâmes dans la confusion devant les blocs en nous efforçant de nous placer, cinq de large, de notre propre chef, parce que tous les officiels étaient partis. Un ordre arriva des baraques du commandant S.S. situées à l'extérieur et de l'autre côté du camp. On appela le numéro d'un détenu ; il fut crié d'un bloc à l'autre jusqu'au bloc trente-deux. Je m'aperçus à ce moment qu'il s'agissait de mon numéro. On me demandait au rapport. J'entrepris donc de faire lentement au pas de course le kilomètre qui me séparait des baraques S.S.[8].

Le commandant, un énorme S.S. adipeux que nous surnommions « Bulldog », me jeta un coup d'œil et ordonna au S.S. de bloc se tenant à ses côtés : « Donne-le-lui. » Cela aurait pu être quelque autre chose, mais il me mit un petit rouleau de tissu dans la main et je retournai à la course. Lorsque je déroulai mon brassard, je vis que j'étais devenu le chef du *Revier*. D'autres positions furent assignées en remplacement des officiels morts, que leur brutalité et autres imitations de méthodes S.S. n'avaient pas sauvés. Nous reprîmes nos vies avec un serrement de cœur nouveau, et une peur additionnelle, mais il y avait enfin une atmosphère de solidarité parmi les détenus du camp. J'avais appris en observant mon prédécesseur la plupart de mes fonctions et surtout ce qu'il ne fallait pas faire. Je devais voir au fonctionnement pratique du *Revier,* à l'approvisionnement, au personnel, à ce que les choses soient en ordre, et je devais rapporter deux fois par jour

---

8   Durant des années, je n'arrivais pas à comprendre pourquoi j'étais capable de pratiquer toutes sortes de sports, incluant la course, excepté le jogging. Selon moi, ce sont les S.S. qui inventèrent le jogging. Un détenu se déplaçait au pas de course (*Laufschritt*), et comme nous n'étions pas assez stupides pour courir, manifestement nous joggions.

à l'appel le nombre des détenus sortants. Cela faisait aussi partie de mes fonctions d'enregistrer tous les morts du camp et de signer. Les numéros de tatouage devaient être consignés sur des bordereaux de décès ensuite signés, car la moindre erreur risquait d'engendrer un problème fatal : si un numéro de tatouage erroné était consigné, il fallait que le titulaire de ce numéro soit mort. Je devais aussi m'assurer que le « kommando » dentaire avait arraché toutes les dents en or avant que le « kommando » des cadavres ramasse les morts.

Ma situation me valut le privilège de dormir dans ma propre petite chambre, d'avoir un serviteur, des réserves illimitées de nourriture, et divers articles de troc que je distribuai parmi ma famille et un groupe d'amis réguliers. Je conservai les réserves de nourriture rare, le pain en particulier, dans une petite pièce d'entreposage qui devint ma cachette et celle d'Eva. L'administration et la gestion médicale étaient menées par les chefs précédemment mentionnés et par plusieurs médecins humains et habiles. Ma compréhension des diverses ordonnances des S.S. se bornait aux rubriques « absurdité au-delà de toute signification » et « bestialité au-delà de toute stupidité ». Ils alimentaient nos malades avec des rations d'une diète spéciale, même de pain spécial, et autorisaient à l'occasion une médication spéciale, même une intervention chirurgicale, les maintenant juste assez longtemps en vie pour qu'ils puissent être gazés.

Les camps directement voisins étaient des camps de transit pour les Juifs « chanceux » de Hongrie, de Slovaquie et de Grèce. Ils étaient rassemblés en troupeaux, la tête rasée et les vêtements en lambeaux, pour subir leur sort. Il y eut de nombreuses sélections dans ces camps ; les internés restants aboutissaient dans les divers camps de travail forcé à l'intérieur du complexe d'Auschwitz. Dans les blocs du *Revier,* il n'y eut que deux sélections — de détenus destinés à être tués. Plusieurs dizaines de patients « chroniques » périrent de cette façon.

De nombreuses années plus tard, on me relata un incident où je m'étais précipité en deux occasions dans le bloc où gisaient une jeune femme et sa sœur atteintes de dysenterie. J'avais pressé tout le monde, mais en particulier ces deux femmes, de quitter vitement le bloc, car les S.S. s'apprêtaient à y faire une sélection. La seconde fois, j'arrivai trop tard, mais je sauvai la jeune femme en la « convertissant » rapidement en infirmière à l'entretien. Plus tard, lorsqu'elle découvrit sa famille dans un camp voisin, elle vint me voir et je lui donnai une miche de pain et un cube de margarine, qu'elle réussit à lancer par-dessus les barbelés[9].

9 En 1980, lors de ma visite en Israël, je rencontrai cette femme qui avait fait de nombreux kilomètres pour me voir. Je me souvenais bien d'elle, mais j'avais complètement oublié l'incident, car les situations de ce genre étaient chose ordinaire à cette époque-là.

Cinq mille autres détenus de Terezin arrivèrent à B II B. Leur intégration dans notre camp et leur endoctrinement se passèrent de façon différente, plus humaine. Vint le printemps, et Auschwitz ne fut plus qu'une grande surface boueuse de sables mouvants ; toutes les pierres, que les détenus avaient si laborieusement emportées une par une de la carrière, furent englouties dans la boue. Heureusement, l'hiver précédent avait été doux et court ; autrement nous aurions subi des pertes beaucoup plus lourdes.

Un jour, tandis que je faisais le tour du bloc, je m'arrêtai ébahi pour admirer un petit arbre qui avait poussé tout près et arborait de nouvelles feuilles vertes. « Si cet arbre parvient à vivre dans cet enfer, j'y arriverai moi aussi », me promis-je.

Eva

Ce qui suit est dédié à tous les enfants qui vivaient dans le camp familial d'Auschwitz-Birkenau, B II B, au cours de l'hiver et du printemps 1943-44.

Tout au bout du camp se dressait la baraque numéro trente et un, qui a été la baraque des enfants durant ces huit mois. Derrière le bâtiment s'étendait un petit plateau séparé de la rampe de chemin de fer par un mur de barbelés électrifiés. Mois après mois, les trains de marchandises ont défilé dans la gare, déchargeant par milliers des gens de partout en Europe, de pauvres Juifs perdus qu'attendait un dernier bref voyage — les chambres à gaz d'Auschwitz et le crématorium. Pendant qu'on les faisait sortir de force des wagons à bestiaux, certains d'entre eux ont eu le temps d'apercevoir un groupe de petits enfants qui jouaient de l'autre côté de la clôture. Cela leur a peut-être redonné de l'espoir pour eux-mêmes et pour ceux qu'ils aimaient.

À Auschwitz, il faisait toujours froid, glacial ou pluvieux. Les S.S. et les kapos criaient sans arrêt, les gros bergers allemands aboyaient, la pluie et le brouillard transportaient les relents des chairs calcinées, mais grâce au rire d'un petit garçon, à cause de quelques petites filles qui chantaient, les condamnés — du moins je le suppose — ont espéré contre toute espérance ; et s'il n'y avait plus aucun espoir pour eux, peut-être en restait-il pour leurs enfants.

Nous sommes en mai 1944. Le soleil brille, le ciel est sans nuages. Il est difficile d'imaginer que nous nous trouvons dans un tel endroit. La responsable du jardin d'enfants, tante Lucie, et son assistante Tanya — âgées de dix-sept et seize ans — appellent les enfants. Garçons et filles, qui ont entre trois et six ans, descendent du châlit à trois étages qu'ils occupent avec leur mère — trois mères et trois enfants par étage. Ils sont raisonnablement propres et vêtus au petit bonheur. Les bambins bavardent et piaillent, et c'est toute une histoire pour les ranger par deux — seule manière autorisée pour sortir de la baraque où ils dorment — et se rendre dans l'enceinte réservée aux enfants, la baraque trente et un. Ils doivent être accompagnés de leurs gardiennes et aller par deux, ou les plus vieux, par trois. En avant, cramponnée à sa poupée, marche Hannah qui a six ans ; bien tranquille à son côté, sa meilleure amie, Annie. À la queue se trouve Peter aidant George qui a quatre ans. George claudique ; pendant l'hiver il a subi de graves engelures à sept orteils et il en a perdu plusieurs.

En entrant dans leur baraque, les enfants sont accueillis par tante Vera et tante Ruth, qui dirigent cette école singulière. Les enfants gagnent tout de suite leur petite section à l'arrière de la baraque, s'installent en cercle sur de minuscules tabourets — construits pour eux par les détenus charpentiers dans les ateliers du camp principal —, et tout le monde discute avec les « tantes » de ce qui s'est passé la veille et des rêves de la nuit dernière. Ensuite tante Lucie raconte l'histoire d'une petite maison. Elle explique à quoi ressemble un vrai salon, ou décrit une vraie cuisine ou un lit avec des oreillers, des couvertures et une couette. C'est le genre d'histoire qu'aiment particulièrement les filles. Les garçons préfèrent les histoires de voitures, de motos, de vélos, de tricycles, et même de tramways ou de trains, bien qu'ils voient des trains tous les jours. Mais ce ne sont pas de vrais trains, ils le savent. Et puis viennent les questions sans fin : qu'est-ce qu'une ville ? un jouet ? qu'est-ce qu'un tramway ? Elles-mêmes encore des enfants, les tantines expliquent et répètent cent fois ; leurs pupilles n'ont pas l'air de comprendre. Et à vrai dire, comment le pourraient-ils ? De toute façon, il est dix heures et c'est le moment de la collation. Les enfants ont droit à une tasse d'ersatz de café avec quelques gouttes de lait — et à une demi-cuillère à café de sucre trois fois par semaine. Ensuite, s'il ne pleut pas, ils sortent jouer ou gambader. Peut-être que de l'autre côté de la clôture électrifiée, des détenus d'un groupe spécial nommé « Kanada »[10] les observent. Le soir, de temps à autre,

10 Le Kanada était la gare de triage des biens confisqués aux personnes arrivant à Auschwitz. Les détenus, hommes et femmes, qui y travaillaient étaient très privilégiés : ils étaient mieux vêtus, mieux nourris, et ils avaient la possibilité d'« organiser ». Je suppose que l'endroit s'appelait Kanada parce qu'il symbolisait le pays de l'abondance.

et après maintes précautions, ces hommes jettent par-dessus la clôture un sac de nourriture, parfois même des jouets. Il y a quelques jours, ils ont envoyé un grand album bien épais avec quelques crayons.

Le déjeuner est à midi. On sert toujours la même chose : une soupe allongée d'eau, mais une soupe qui diffère de l'ordinaire des camps, en particulier d'un camp comme Auschwitz, parce que les cuisiniers, eux-mêmes des détenus, savent que c'est pour les enfants. Cette soupe spéciale contient parfois quelques morceaux de pommes de terre et des navets pourris, et il arrive même qu'on y trouve des restants de viande. Après le déjeuner, les enfants chantent ou apprennent des comp-tines, mais depuis l'arrivée de l'album et des crayons, ils ne pensent tous qu'à dessiner. Les enfants le reconnais-sent, c'est Annie la plus talentueuse en dessin ; ils se tiennent tout excités autour d'elle et lui font des suggestions. Aujourd'hui elle dessine une forêt avec trois pommiers — mais aucun conifère ; ils ne sont pas intéressants, car les aiguilles ne se mangent pas — aux magnifiques feuilles vertes, comme celles du seul et unique érable nain au bout du camp. Au printemps, les enfants ont observé les bourgeons devenir des feuilles, et les tantes leur ont tout expliqué, même comment les arbres respirent. Les arbres de notre forêt n'auront pas que des feuilles, mais aussi beaucoup de fruits, très sucrés et parfumés. On les goûtera rien qu'à regarder le dessin, ils seront bons et sucrés, nos fruits : des pommes, toutes comestibles, toutes joliment colorées, non pas brunes, comme des pommes de terre, ou jaune sale et *pourries comme des navets — mais tantine, c'est de quelle couleur une pomme ? Dis-nous, s'il te plaît, c'est de quelle couleur une pomme ?*

Mais les tantines ne réagissent pas. Aujourd'hui elles ont un drôle d'air et elles parlent de quelque chose qui s'appelle sélection et qui aura lieu demain. À vrai dire, elles n'écoutent pas réellement les enfants, mais Annie ne s'en formalise pas ; elle sait comment se distraire : elle dessine, l'une après l'autre, de belles grosses pommes, toutes d'un beau bleu vif.

Ruda

Il se trouvait dans notre camp un jeune S.S. qui signait distraitement ses rapports sans y prêter attention et qui n'avait jamais vraiment importuné qui que ce soit. Il se présenta un soir dans ma chambre pour me soumettre un plan d'évasion. Si je lui fournissais trois kilos de dents en or (qu'il pouvait refondre), il s'occuperait d'acheter des uniformes S.S., des papiers et des billets, et de soudoyer ici et là quelques officiels. Personne ne s'évadait de notre camp ou des camps à proximité. Les chances d'y arriver étaient quasiment inexistantes et si l'on y parvenait, cela entraînait la mort d'une centaine de détenus (bien sûr, l'on pouvait toujours alléguer qu'ils mourraient de toute façon). Je n'avais pas plus de raisons de faire confiance à cet homme que de m'en méfier : voulait-il me tendre un traquenard ? J'en doutais, car s'il avait eu l'intention de me tuer (et pourquoi moi en particulier ?), il n'aurait eu besoin d'aucun motif pour ce faire. Nous discutâmes de nombreux détails, mais je finis par décliner. Trois jours plus tard, il aida une de mes connaissances, le chef du bloc seize, à s'évader. Le S.S. arriva tout seul au camp, mais deux S.S. en uniforme d'officiers hauts gradés repartirent. Le pot aux roses fut découvert huit heures plus tard au dénombrement du matin, mais la punition s'avéra clémente : nous ne restâmes que quatorze heures plantés dans la boue. Le fait que le S.S. se soit volatilisé avec le détenu a probablement joué en notre faveur. Plus tard, souhaitant aider une très jolie fille juive qu'il connaissait à s'évader à son tour, le S.S. revint à Auschwitz, mais il fut découvert et exécuté.

Il ne nous restait plus beaucoup de temps. J'avais appris que nos cartes d'enregistrement portaient la mention « S.B., 18 juin 1944 ». Je me joignis à la résistance clandestine. Nous disposions d'un système de communication entre les camps : nous utilisions des signes, des sifflets ou des bruits particuliers comme message lorsque nous étions empêchés de nous parler. Nous préparions un soulèvement, non seulement dans B II B, mais dans tout Birkenau, dans Auschwitz au complet. L'embarquement des cinq mille – c'est-à-dire nous – serait le signal. Les organisations clandestines avaient déjà quelques fusils en leur possession, en particulier dans les camps principaux des hommes et des Roms. Nous amassions tous du matériel inflammable qui servirait à brûler le bloc et à fabriquer des explosifs. Dans notre dénuement, notre seul espoir était d'attaquer d'abord les S.S. et d'utiliser leurs armes. (Il y eut au camp de Majdanek un pareil soulèvement – dont nous ne savions rien à l'époque –, lors duquel plusieurs centaines de détenus s'évadèrent, et parmi eux quelques dizaines survécurent.)

Je réussis plusieurs fois à acheter un laissez-passer aux S.S. pour aller chercher, avec un « kommando » d'employés du *Revier,* des couvertures et des fournitures d'hôpital en général. En rentrant au camp, je soudoyais le S.S. en service (qui nous avait aussi laissés sortir) avec une montre en or ou quelque autre article de valeur. Mais un jour, au retour d'une de nos expéditions, je dus négocier l'échange, car nous dissimulions également des bidons d'essence, quelques boîtes d'un composé de potassium, et quelques dizaines de capsules de cyanure de potassium. Les deux premiers devaient servir dans le cas d'un soulèvement, et je distribuai les capsules à mes parents et amis. Il était réconfortant de se dire : « Ils ne m'auront pas vivant. »

À la fin de mai, un groupe de S.S. ivres, de la division sanitaire pour la plupart, s'amenèrent au camp. Il fut annoncé que nous passerions tous une sélection générale : ceux capables de travailler partiraient en Allemagne, et les autres resteraient. Une pagaille totale s'empara du camp : il s'agissait d'une nouvelle ruse S.S.! Mais cette fois, nous étions préparés.

Après le cauchemar du 6 mars 1944, nous sommes devenus plus audacieux, plus téméraires, et plus malins. En fait, nous étions sans peur. Après tout, que pouvait-il nous arriver d'autre que ce qui arrivait autour de nous chaque jour sans exception à des milliers de gens ? Les convois ont commencé à arriver de Hongrie ; la majorité des nouveaux arrivants étaient gazés sans sélection préalable au rythme de dix à vingt mille personnes par jour. Je suppose que c'est en contemplant cet abominable spectacle que certains d'entre nous, surtout les jeunes, ont décidé qu'ils ne périraient pas sans se défendre.

Il existait à Auschwitz-Birkenau une cellule de résistance active, formée pour une large part de prisonniers politiques incarcérés depuis longtemps, mais qui d'une manière ou d'une autre étaient parvenus à survivre des années. Ces détenus, en particulier ceux du « kommando » Kanada, travaillaient dans les salles de l'entrepôt de nourriture, dans les usines électriques et dans les différents ateliers nécessaires à la bonne marche de l'immense entreprise qu'étaient les camps.

Les gens du « kommando » Kanada avaient accès à absolument tout. Lorsque s'ouvraient les wagons de nouveaux arrivants, les victimes du jour étaient poussées dehors et mises en rangs par cinq — les hommes d'un côté, les femmes et les enfants de l'autre —, mais leurs affaires étaient abandonnées sur le quai. De grands camions acheminaient ensuite ces paquets à une énorme baraque nommée Kanada, où des détenus hommes et femmes les passaient au peigne fin pour en retirer objets de valeur, or, diamants, dollars, et autres. Puis le reste était trié, vêtements et chaussures étaient désinfectés et soigneusement empaquetés pour être envoyés en Allemagne au bénéfice d'un organisme appelé Winterhilfe, c'est-à-dire « secours d'hiver ».

Pour se rendre la vie plus supportable, les gens du « kommando » Kanada « organisaient » tout ce qu'ils pouvaient. Dans le monde nébuleux des camps, une dent en or équivalait à une miche de pain, ou un chandail, ou un manteau ; quelques dollars pouvaient valoir une paire de gants, et une montre achetait des bottes chaudes, indispensables dans l'omniprésente boue d'Auschwitz-Birkenau. Il était facile de soudoyer les S.S. des échelons inférieurs qui convoitaient les articles de valeur, mais n'avaient pas le droit d'y toucher. Si un S.S. de grade inférieur se faisait prendre par son supérieur avec un objet de valeur, cela signifiait pour lui une mort certaine. Inutile de dire que cette règle ne s'appliquait pas aux officiers S.S. : ils ont tous fait fortune au cours de leurs années de service dans les camps de la mort. Je soupçonne que c'est ce qui a permis à tant d'entre eux de s'enfuir à la fin de la guerre pour ensuite vivre tranquilles durant des années en Amérique du Sud ou ailleurs. C'étaient toutefois les sous-officiers, les sergents et les simples soldats qui réglaient les affaires quotidiennes du camp, qui transigeaient directement avec les détenus, et qui, lorsque soudoyés adéquatement, se montraient d'habitude les moins cruels. Dans bien des cas, ils étaient même serviables, nous avertissant à l'avance d'une mesure ou d'une sélection imminente pour que des détenus puissent se cacher et y échapper, du moins un certain temps.

Les femmes détenues du « kommando » Kanada cousaient dans leur uniforme des bijoux, de l'or ou de la monnaie étrangère qu'elles trouvaient parmi les effets confisqués et qu'elles rapportaient en fraude dans leur baraque au moment de leur permission, sans se mettre le moindrement en danger. Mais le « kommando » Kanada et les hommes du Sonderkommando se mettaient aussi ensemble pour acheter, à un prix exorbitant, des armes et des munitions. Ils arrivaient même à se procurer de la dynamite, soit aux entrepôts d'objets récupérés, dont s'occupaient les détenus polonais et parfois même les prisonniers de guerre russes, soit à l'usine de munitions Union, qui employait comme les autres des détenus d'Auschwitz.

Ruda

On nous fit défiler nus sur la cheminée en guise de podium devant les S.S. Les numéros de tatouage des détenus visiblement capables de travailler étaient relevés par les gens de l'enregistrement sous la stricte supervision des S.S., qui produisaient sur-le-champ nos cartes d'enregistrement. Eva, nos mères et toutes les autres femmes subirent la même procédure devant des S.S. mal embouchés qui buvaient.

Nous ignorions qui avait été choisi et pour quoi, nous ne savions même pas qui avait réussi ou échoué la sélection. À peine les S.S. quittaient-ils le camp que les lignes clandestines se mirent à bourdonner. Les détenus de l'enregistrement se méfiaient, car aucun changement n'avait été apporté à nos dossiers. La mobilisation générale du réseau clandestin fut lancée. Eva était complètement bouleversée, car on avait laissé aux mères le choix entre partir travailler ou rester avec leurs enfants. « S'agissait-il d'une autre feinte des S.S. pour camoufler une nouvelle hécatombe ? » Et même si ce n'était pas le cas, ils mettaient les mères devant un dilemme cruel. Sur plus de six cents mères, seulement trois décidèrent de quitter ; les autres choisirent de rester avec leurs enfants.

Le premier groupe d'hommes, un millier de détenus, devait partir le lendemain matin. Eva et moi demeurâmes aux alentours pour parler à nos parents, puis nous nous blottîmes ensemble dans notre réserve, seuls tous les deux, encore pleins de vie et d'amour. Qu'en serait-il de tous nos projets à présent ? Subsistait-il une étincelle d'espoir ou allions-nous vers un combat sans autre issue que des capsules de cyanure ? Au matin, nous reçûmes les dernières instructions du réseau clandestin. On nous mènerait à l'extérieur de notre camp, et si la file tournait à gauche au carrefour après la rangée de camps, cela voudrait dire qu'on nous emmenait au « sauna » (désinfection, douche et changement de vêtements) et que nous avions une chance de survivre. Mais si la file tournait à droite, on nous conduisait aux chambres à gaz, et ce serait le signal d'un soulèvement général. Chacun des membres du réseau clandestin avait une tâche à exécuter, comme de saisir le fusil d'un S.S., mettre le feu au bloc ou faire exploser un mirador. Mais un message équivoque nous parvint en même temps : « Tout le *Kommando* du sauna est sur place et un train de plusieurs wagons contenant chacun deux soldats (non S.S.) se trouve à la gare. Mais le *Sonderkommando* a aussi été requis en service. »

Ils commencèrent à nous appeler par numéros, et nous nous rangeâmes rapidement par cinq devant la barrière. Je pris Eva entre mes bras. Nous nous embrassâmes. On me somma, et avant de courir prendre place dans la file, j'eus tout juste le temps de lui dire combien elle comptait pour moi et qu'un tel amour ne peut pas s'éteindre. Il n'y avait pas beaucoup de S.S. autour de nous – c'était bon signe –, mais ils avaient des chiens et des mitraillettes – c'était mauvais signe. Nous sortîmes au pas et marchâmes jusqu'au carrefour, où l'on nous ordonna de faire halte. Les S.S. avaient sans doute deviné ce que représentait l'endroit ou l'avaient appris de leur réseau d'espions, car ils nous y retinrent quinze minutes en silence complet. Puis l'ordre de se mettre en branle fut donné et en l'espace de quelques minutes, nous passions au sauna.

On nous ordonna de tout enlever sauf nos chaussures et nos casquettes de détenu, et l'on nous dépila tout le corps. Entièrement rasés (une seule lame servait à raser plusieurs hommes), éraflés et saignants, nous restâmes un moment sous la douche brûlante ; après, on nous distribua des habits de détenu rayés, que nous dûmes échanger entre nous, car comme d'habitude, on avait donné de très longs pantalons aux hommes de petite taille, et vice versa. La propreté nous démarquant à présent des autres habitants d'Auschwitz, nous fûmes regroupés et menés au train. Nous n'étions que cinquante détenus par wagon à bestiaux, sous la garde de deux soldats.

Les barrières sont restées ouvertes tandis que le train s'éloignait et nous regardâmes B II B défiler sous nos yeux, mais sans qu'il fût possible de distinguer les visages dans la foule. Le train franchit en haletant la barrière de l'entrée principale, puis vira en direction de la gare principale, et nous revîmes encore l'inscription sur la barrière : « Arbeitslager Auschwitz II, Birkenau ; Arbeit macht frei ». Je quittais Auschwitz vivant. « Il y a sûrement moyen de s'échapper maintenant », me dis-je. Nous ne savions pas que Himmler avait ordonné d'emmener en Allemagne tous les détenus capables de travailler pour qu'ils prennent part au nettoyage et à la reconstruction à la suite du bombardement. Nous étions le 1er juin 1944. Nos cartes d'enregistrement portaient la date d'échéance du « S. B., 18 juin 1944 » : nous l'avions échappé de justesse.

Nos dirigeants ont pris contact avec l'organisation de la résistance. Ils nous appuyaient et convenaient avec nous que nous ne devions pas nous laisser prendre sans résistance quand viendrait le temps ; ils promettaient de nous fournir des armes. Par bravade, Ruda et moi n'hésitions plus à nous afficher ensemble malgré l'interdiction officielle. Nous passions chaque minute libre ensemble dans la mesure du possible, cependant nous avions abandonné nos rêves de défendre nos vies et de mourir côte à côte, non pas dans les fours. Nous n'avions aucune illusion quant au succès d'un pareil soulèvement.

Mais il n'a jamais eu lieu. Le front russe gagnait du terrain chaque jour. Cela n'empêchait pas les Allemands de poursuivre les gazages comme d'habitude, mais ils voyaient à présent qu'il était préférable d'envoyer le plus d'ouvriers possible en Allemagne, qui faisait face à une importante pénurie de main-d'œuvre, car tous les purs « Aryens », hommes et femmes, étaient enrôlés, soit dans l'armée pour être envoyés au front, soit dans les usines pour y travailler. Nous avons donc été soumis à une sélection officielle — d'abord les hommes et plus tard les femmes. Ruda a passé la sélection sans problème, mais mon père et le sien n'ont pas été retenus ; c'est du moins ce que nous croyions à ce moment-là.

La veille du départ de Ruda, il était toujours impossible de dire s'il s'agissait d'une nouvelle feinte, si quelqu'un avait mouchardé nos plans de soulèvement aux S.S., ou si les gens sélectionnés partaient vraiment.

Puisque personne n'avait encore quitté Auschwitz, il était très difficile d'imaginer que les mille cinq cents jeunes hommes du B II B puissent le faire. Nos amis de la résistance nous assuraient que cette fois, pour autant qu'ils aient pu le vérifier, c'était pour de vrai : les hommes partaient. Ruda et moi avons passé la dernière nuit ensemble dans notre baraque du Revier, la baraque numéro trente-deux. Trop bouleversés pour y voir clairement, nous nous sommes serrés très fort. Notre étreinte n'avait rien de sexuel ; nous allions pour la première fois affronter l'inconnu l'un sans l'autre — seuls — et nous devions garder vivant l'espoir de nous retrouver. À ce jour, je ne comprends toujours pas comment nous avons réussi à passer au travers. Où avons-nous trouvé la force ? Comment se fait-il que nous n'avons pas abandonné ?

En cadeau de départ, Ruda m'a offert une capsule de cyanure et il m'a dit de la dissimuler dans ma bouche. En dépit de tous les signes favorables, s'il arrivait que nous soyions gazés, il ne fallait pas hésiter à mordre la capsule. La mort serait ainsi instantanée et sans douleur. Il m'a montré sa capsule, déjà en place, et sur ce, nous nous sommes endormis dans les bras l'un de l'autre.

Ruda

Quelques jours plus tard, Eva et Ruth, une fille dont elle était devenue extrêmement proche, quittèrent le B II B pour le camp de principal des femmes, où elles étaient transférées. Pendant qu'elles attendaient leur déportation, elles virent les gens (les vieux, les femmes et les enfants qui restaient à B II B) se faire emmener aux chambres à gaz ; parmi eux se trouvaient la mère d'Eva et mon père. Je conserve l'espoir qu'ils purent utiliser leur capsule de cyanure. L'accès à une mort rapide fut le dernier cadeau que je leur offris.

J'avais maintes fois observé les gens se rendre aux chambres à gaz d'Auschwitz. Au moment de la sélection, ceux qui comprenaient ce qui se passait résistaient, mais il y en avait d'autres qui se regroupaient pour prier sans qu'interviennent les S.S. ni le « kommando » spécial. Ils récitaient le Credo, pierre angulaire de la foi juive : « *Shemah Israel, Adonai Eloheinu, Adonai Ehad* / Israël écoute, l'Éternel est notre Dieu, l'Éternel est Un ». (Des années plus tard, à mon arrivée à Galveston, nos nouveaux amis nous invitèrent, Eva et moi, à nous rendre au temple à l'occasion des Grandes Fêtes. C'était la première fois en trente-deux ans que nous allions au temple. En dépit de ma formation analytique, l'émotion me saisit dès que le chœur entonna le *Shemah*. Main dans la main, Eva et moi nous tînmes en silence, les joues inondées de larmes en pensant à tous ceux qui ne s'en étaient pas sortis.) Eva et Ruth se trouvèrent des places dans le premier convoi dont le départ du camp principal des femmes était confirmé. Elles furent aidées par une jeune détenue polonaise de la division de l'enregistrement. Ces détenus étaient les résidants les plus anciens du camp d'extermination et ils avaient un accès privilégié aux dossiers. Ils étaient informés à l'avance de bien des choses ; mais peut-être en savaient-ils trop, car très peu survécurent la fin de la guerre.

Eva dut subir comme moi la procédure du sauna quelques semaines plus tard. Elle ignorait ce qu'il était advenu de son père ou de ma mère. Ils lui avaient donné une bague à diamant, juste comme elle s'apprêtait à quitter le B II B pour le camp des femmes. Debout toute nue dans la file, attendant d'être fouillée par une S.S., Eva plaça la bague sous sa langue, en se disant : « Si elle la trouve, je meurs ; si elle ne la trouve pas, non seulement je reste en vie, mais je survivrai. » Nos vies abondent de croyances et de rituels, grands et petits, à commencer par le jeu enfantin du « si tu marches sur les craques, le monde se détraque », jusqu'aux rituels funèbres de la mort. Plus nous sentions la mort rôder autour de nous, et plus nous puisions notre force en de pareils rituels. La femme S.S. l'examina au complet – le même doigt en caoutchouc pour maintes et maintes femmes – et lui fit ouvrir la bouche. Mais elle ne regarda pas sous sa langue.

Eva

Le lendemain, tous les hommes sélectionnés quittèrent le B II B et nous, qui restions derrière, guettions la rampe du train à travers la clôture électrique de barbelés. Des wagons à bestiaux vides attendaient, mais pour qui ? Après quelques heures, un long frémissement a parcouru

tout le camp : ils montent, ils prennent vraiment le train !
Ensuite le train a pris son départ, il s'est ébranlé et ils
sont partis.

Les femmes du B II B ont été soumises à une sélection
deux semaines plus tard. Elle a eu lieu par un chaud
après-midi de juin dans la baraque trente et un, la section de mes chers enfants. L'expérience de la sélection
s'est avérée très pénible. Tous les gros bonnets S.S.
d'Auschwitz étaient rassemblés dans la baraque et ils
étaient complètement ivres. On nous a fait déshabiller
et parader nues devant eux, une par une, pendant
qu'ils continuaient à boire du champagne et de la vodka,
fixant notre sort d'un geste du pouce, levé ou baissé,
vie ou mort. Ruth et moi avons été acceptées. Maman et
ma belle-mère ont été refusées. J'avais tenté d'arranger
maman pour qu'elle paraisse plus jeune, mais c'était
peine perdue. (Après la guerre, j'ai appris qu'elle a
été gazée le 7 juillet 1944.) Le lendemain matin, un
dimanche, nous avons eu droit — celles qui avaient été
sélectionnées — à une douche bien chaude pour la première fois depuis des années. On nous a examinées pour
détecter les poux, puis on nous a donné des sous-vêtements
(qui consistaient en une culotte et un tricot de corps)
rayés bleu et blanc, une salopette confectionnée avec
de vieux sacs de farine (du moins, cela semblait être de
la toile de jute) et une paire de sabots de bois. Nous
sommes restées debout des heures en rangs par cinq,
pendant que les Allemands nous comptaient et recomp-
taient, jusqu'à ce que les nombres concordent enfin. Puis
nous avons quitté le B II B pour la section des femmes

du camp d'Auschwitz proprement dit. L'orchestre a joué les deux grands succès des années trente, Ramona et Granada. *Encore aujourd'hui, ces chansons me donnent la chair de poule.*

Il a bien fallu que je défasse la petite ceinture-cordon que m'avait donnée ma belle-mère à notre arrivée à Auschwitz. À l'intérieur se trouvait un gros diamant que j'ai caché dans le seul orifice qui me restait en propre. Nous n'avons passé qu'une nuit dans le camp des femmes, puis l'annonce a été diffusée : le premier convoi de cinq cents partira cet après-midi. Ruth et moi nous accrochions l'une à l'autre et refusions d'être séparées ; nous nous sommes donc tenues ensemble sur la rampe parmi les cinq cents autres jeunes femmes, pendant qu'on nous comptait et recomptait, mais de façon plus méthodique cette fois-ci. Après, on nous a examinées de nouveau pour détecter les poux. Pendant que j'attendais mon tour avec Ruth, j'ai vu que nous devions nous étendre sur une table pour une fouille au corps complète exécutée par des femmes détenues sous la surveillance de femmes S.S. Le temps de reprendre mon souffle et de me trouver une place en retrait, je me suis accroupie et j'ai sorti mon diamant. Bille en tête, j'ai pris une résolution idiote me mettant au défi : « Si je réussis à sauvegarder cette stupide pierre de la fouille et à la sortir d'Auschwitz, je sauve ma vie. Si je suis prise ou si je m'en débarrasse, je signe ma mort. » J'ai glissé la pierre sous ma langue de manière à pouvoir ouvrir grand la bouche pendant l'inspection. Ils ont raté la pierre, mais j'ai réussi mon coup.

Le convoi nous parut étrangement familier. D'un côté du wagon se trouvait un grand seau d'eau, et dans un support en bois de l'autre côté, il y avait deux seaux pour l'excrétion et un troisième qui contenait de la chaux avec une petite pelle, pour la désinfection. Les Allemands ne plaisantaient pas en ce qui avait trait à la possibilité d'infections et d'épidémies. Les mesures sanitaires étaient contrôlées et devaient être strictement appliquées même dans les situations les plus délicates. Ils n'hésitaient pas à isoler les détenus suspects de maladie et à les laisser mourir, mais dans un espace confiné en toute sécurité. Seule exception à la règle, ils laissaient parfois une épidémie se répandre afin de tester de nouveaux médicaments ou méthodes. Des milliers de détenus dans divers camps ont servi de sujets d'expériences (méthode certainement plus rapide que l'expérimentation conventionnelle par étapes, qui commence in vitro, s'étend aux tests sur les animaux, et ainsi de suite). Le taux de mortalité s'élevait de façon catastrophique lors de ces vagues de fièvre typhoïde, de typhus et de dysenteries diverses.

Nous passâmes la gare d'Auschwitz où, à une époque lointaine, un employé polonais nous avait avertis, puis le train prit de la vitesse et la sirène lança l'interminable et envahissant mugissement que nous avions l'habitude d'entendre à chaque arrivée de train ; mais cette fois-ci, nous partions !

Installés sur le plancher comme bon nous semblait, nous restâmes dans un état de stupeur durant des heures, complètement muets.

Visiblement horrifiés, les deux soldats nous fixaient ; ils ne parlaient pas non plus entre eux. Pendant notre voyage, qui dura deux jours avec seulement quatre arrêts, ils nous apportèrent de la nourriture et de l'eau et escortèrent ceux d'entre nous qui étaient chargés de la vidange des seaux. Tout le long du voyage, ils parlèrent très peu et ce fut un véritable triomphe de leur soutirer notre destination. Nous devions contourner le camp principal de Sachsenhausen et nous rendre directement au camp annexe de Schwarzheide (qui signifie « mort noire »). Nous leur demandâmes où se trouvait cet endroit et ils nous répondirent que c'était proche de « Ruhland » (la contrée du silence). Ces noms sinistres ne présageaient certainement rien de bon. Lorsque le train s'arrêta enfin à la gare qui s'appelait effectivement Ruhland, nous fûmes pris en charge par une centaine de S.S. d'allure cassante. Après une heure de marche, nous arrivâmes au camp de travail forcé de Schwarzheide.

À cette époque, de pareils camps poussaient comme des champignons en Allemagne, qui était sévèrement touchée par les bombardements des Alliés. Villes, lignes d'alimentation et usines s'effondraient en ruines. Comme certaines d'entre elles s'avéraient indispensables à la continuation du délire de la guerre, des milliers d'esclaves tels que nous servirent dans toute l'Allemagne à construire des abris antiaériens (pour les civils, pas pour les esclaves), nettoyer les décombres et réparer les routes, les lignes à haute tension et les équipements de production. Le camp où nous fûmes emmenés était rattaché à un gigantesque complexe de fabrication, à partir de charbon brun, de carburant synthétique à indice d'octane élevé. La capacité de production projetée s'élevait à vingt mille barils par jour et soixante-cinq mille civils y exécutaient diverses tâches afin de conserver ce rendement optimal. Les Alliés connaissaient la position précise de ce complexe et le bombardaient à intervalles réguliers : ils attendaient qu'il soit complètement reconstruit pour le détruire de nouveau.

Le camp était entouré d'une clôture d'un seul rang de barbelés non électrifiés et des quatre miradors habituels. Il flanquait une installation plus petite comprenant les baraques et les équipements des S.S. Un « comité d'accueil » nous inspecta lorsque nous passâmes une barrière imposante mais simple, dépourvue de désignation particulière et de l'usuel slogan. Le comité était composé d'une dizaine de S.S. et de cinq détenus allemands qui, comme nous l'avons vite découvert, provenaient du camp principal. Deux de ces derniers étaient cuistots à la cuisine des S.S. et les trois autres avaient été nommés responsables des détenus en tant que maire, secrétaire à l'enregistrement et chef de « kommando ».

Le grand cirque habituel commença ensuite : nous nous rangeâmes pour le dénombrement et le laïus d'encouragement du sergent que nous surnommions « Fouettard », un S.S. de petite taille à l'air mauvais. « Une balle pour vous, c'est du gaspillage, nous dit-il dans son allemand grossier, vous êtes seulement bons pour la corde. »

Lorsque Fouettard ordonna que tous les architectes, ingénieurs et médecins se regroupent à part, je fus tenté de dire que j'étais médecin, mais du coin de l'œil je vis le maire détenu me faire signe que non. Dans la plupart des camps de ce type, l'intelligentsia formait un « kommando » spécial : les architectes transportaient de lourds madriers de bois, les ingénieurs, des poutres en profilé de fer et les médecins constituaient l'équipe sanitaire (des latrines). Heureusement, comme notre camp n'était qu'un petit camp annexe, ce vieux stratagème S.S. ne fut pas vraiment appliqué dans toute son étendue. Il y avait six blocs de détenus où nous dormions dans des châlits doubles, chacun disposant de sa propre paillasse (et d'un semblant de couverture) ; et trois autres blocs où se trouvaient un hôpital, une cuisine et des toilettes. Dans ce nouveau camp, les postes d'autorité furent attribués à d'anciens officiels d'Auschwitz.

Pour finir, on nous enregistra encore ; on nous attribua un nouveau numéro et un insigne particulier qu'il fallait coudre sur nos uniformes rayés. Ce n'est pas une étoile de David qu'on nous donna cette fois mais un triangle rouge inversé, signe des prisonniers politiques. Conformément à l'habituel souci de précision des Allemands, la couleur du triangle placé avant le numéro et la direction dans laquelle il pointait, en haut ou en bas, établissaient la différence entre les ennemis politiques, les ennemis religieux, les criminels et les homosexuels. Après m'être demandé dans quelle profession je serais utile à tout le groupe tout en restant à l'abri et au chaud, j'optai pour celle de blanchisseur. On me posa des questions sur la compagnie civile où j'avais reçu ma formation et je fabriquai sur-le-champ toutes les informations requises. Je fus nommé chef du « kommando » de la blanchisserie. Cette fonction m'occupait deux ou trois jours par semaine, et le reste du temps j'étais le serviteur des « trois grands », dont les quartiers se situaient au milieu du bloc de la blanchisserie. C'étaient des hommes extrêmement justes, des Allemands non juifs considérés comme ennemis de l'État et emprisonnés depuis l'arrivée au pouvoir de Hitler en 1933. Ils disposaient de privilèges particuliers et ils avaient des rations de nourriture spéciale et des cigarettes, qu'ils partageaient avec moi. En retour, tout le troc pour le groupe se faisait par leur entremise. À l'occasion, ils prenaient contact avec des employés civils ou des prisonniers de guerre qui travaillaient dans le complexe usinier, soit dans les mines à ciel ouvert ou dans les convertisseurs d'essence synthétique, soit à la maintenance des véhicules ou dans les bureaux. Ces hommes fournissaient des informations et, de temps à autre, prenaient part à des échanges de troc.

Travailler à l'intérieur du camp signifiait faire partie d'un «kommando» du *Revier,* de la cuisine, de l'approvisionnement général ou même des latrines. Dans une certaine mesure, cela signifiait aussi rester en vie, puisque le surmenage, la malnutrition, le froid, la maladie et les occasionnelles raclées touchaient principalement les détenus qui travaillaient à l'extérieur dans les «kommandos» de construction d'abris anti-bombes, de nettoyage après les bombardements ou de désamorçage des bombes non explosées. Cela signifiait moins d'embêtements avec les S.S. qui contrôlaient et un accès beaucoup plus facile à la nourriture. À l'intérieur, nous avions tous des amis ou même un parent à qui nous fournissions régulièrement des rations supplémentaires. La nourriture aurait dû être meilleure, ou du moins plus abondante qu'à Auschwitz, parce que les S.S. émettaient – pour nous comme pour les ouvriers aux travaux lourds – des cartes de rationnement spéciales, mais ils en volaient la majeure partie. Pendant quelques mois, nous reçûmes même des paquets grâce aux fameuses cartes postales («Je vais bien ; veuillez envoyer des paquets, etc.»). Un simple coup de chance était à l'origine de ces envois : un compagnon de détention idiot avait lui-même posté sa carte avec son numéro et l'adresse complète du camp de concentration ; il reçut un paquet. Ordinairement, une pareille infraction se serait automatiquement soldée par la mort du misérable (ce genre d'exécution se produisait par intervalles sous toutes sortes de vils prétextes). Cependant, les « trois grands » détenus allemands persuadèrent les S.S. d'épargner cet homme et de tirer profit de son idée : s'ils nous permettaient de communiquer avec les gens du Protectorat pour leur demander de nous envoyer des paquets, cela prouverait que nous étions toujours en vie. À l'arrivée des paquets, les S.S. pourraient à peu près tout confisquer, nous laissant le pain et les choses sans valeur. C'est exactement ce qu'ils firent…

Éva

Nous sommes montées dans des wagons à bestiaux ouverts munis de deux seaux d'eau et de deux seaux couverts, avec de la chaux pour nos besoins sanitaires. Les portes restant ouvertes, les soldats se sont assis sur les marches pour nous surveiller. Ils ne savaient pas par quel bout nous prendre. Le train s'est soudain ébranlé et nous sommes passés sous l'immense inscription de la grande barrière : « Konzentrationslager Auschwitz-Birkenau », « Arbeit macht frei ». Une grande horloge se trouvait en dessous des inscriptions. Il était exactement quatorze heures quarante et nous étions le 2 ou le 3 juillet 1944. Les portes du wagon sont restées ouvertes et les deux soldats sont demeurés assis avec leurs fusils dans les bras, tandis que le train défilait lentement — à travers les villages, les prés remplis de fleurs, devant les paysans travaillant aux champs — et que nous absorbions les scènes d'une vie ordinaire pour la première fois depuis des années.

Une demi-heure plus tard, au moment où le train prenait de la vitesse, je me suis mise à saigner pour la première fois en deux ans. Je me suis empressée de l'annoncer à tout le monde dans le wagon. J'étais très fière de ces quelques taches rouges ; elles étaient pour moi le symbole de la vie, le signe que je n'étais pas encore morte et que j'étais une jeune femme vivante. (Mes règles n'ont réapparu qu'un an et demi plus tard ; et c'est seulement à ce moment-là que mon corps a enfin repris ses fonctions naturelles.) Tout le monde a poussé des cris d'enthousiasme et nous nous sommes mises à chanter des chansons traditionnelles tchèques. Les deux petits soldats qui nous gardaient ne nous en ont pas empêchées. Ils se sont contentés de nous regarder et nous ont même souri. Nous chantions avec le sentiment que nous allions nous en sortir, que la vie venait de nous offrir une seconde chance.

Le voyage a duré quatre ou cinq jours. Je ne m'en souviens pas vraiment.

Ruda

La nourriture était sacrée. Voler la nourriture d'un autre détenu était si durement puni que cela ne se produisait que très rarement. De même, le suicide n'était pas monnaie courante. Il nous semblerait tout naturel qu'un détenu cherche à mettre fin à sa souffrance et à sa terreur en pénétrant volontairement dans le no man's land pour se faire abattre ou en s'agrippant aux barbelés électrifiés pour s'électrocuter. Cependant, alors qu'un individu « libre » choisirait peut-être de s'abandonner au malheur et à la mort, un individu sachant qu'il va mourir du fait d'un autre — soit parce qu'il est condamné à mort ou forcé de vivre dans des conditions fatales — sera beaucoup moins enclin à s'enlever la vie. Ce genre de sacrifice est tabou dans un camp de concentration.

Il existait bien sûr des exceptions. Pour les détenus en état d'absence à force d'être battus, plus rien ne comptait, pas même la mort ; elle venait de partout. Les principales causes de mortalité restaient l'épuisement et la maladie. Tous les matins, lorsque se formaient les « kommandos » de travail à l'extérieur et que le compte n'y était pas, les kapos allaient faire un tour aux latrines où des détenus décharnés en haillons se vidaient de leur substance. Les kapos les sortaient en annonçant : « Voyez un peu ce que j'ai trouvé ! En voici qui sont encore actifs. » Ils étaient poussés au milieu des rangs et littéralement portés pour passer la barrière. Le soir, ils étaient ramenés — morts.

Perdant kilos et courage, beaucoup de détenus s'émaciaient à vue d'œil, ce qui accentuait à outrance certains traits, tels qu'un gros nez ou des yeux saillants, jusqu'à les faire ressembler à une caricature d'eux-mêmes. Ces détenus-là étaient les cibles favorites des S.S. simples d'esprit, que bien souvent les mauvaises nouvelles du front mettaient en rage. Un de mes meilleurs amis, qui vit aujourd'hui à Houston, fut leur souffre-douleur durant des mois. Quand il pleuvait des coups, c'était invariablement lui qu'on frappait, au visage en particulier. Mais ils n'ont pas réussi à le démolir. Malgré la perte de toute sa famille, il conserva sa santé mentale, son esprit vif teinté d'humour noir, et son intégrité.

Le courage et la loyauté de pareils amis étaient souvent le garant de nos vies. Au milieu de l'automne, je fus transporté à l'hôpital en état de prostration avec une très forte fièvre et de la diarrhée. Nous étions tous allongés là, sur des châlits doubles, un mélange de cas de dysenterie, de scarlatine, d'impétigo sévère, de tuberculose pulmonaire et autres affections. Le taux de mortalité était extrêmement élevé. J'avais apparemment la fièvre typhoïde, mais tous les symptômes s'apaisèrent en une semaine ; cependant, comme on pouvait s'y attendre, les « spécialistes sanitaires » S.S. me déclarèrent sujet porteur. On ferait une analyse des échantillons de mes selles, et dans le cas d'un résultat positif, je serais transféré au camp principal. Le *Revier* était déjà bondé. Je pensai alors que c'en était fait de moi, par ailleurs je continuai à croire « qu'il devait bien se trouver une issue ». Mon ami George passa au bloc du *Revier,* s'installa sous ma fenêtre et déféqua en plein jour sur l'assiette que je lui avais présentée. Mes selles furent trouvées négatives et j'obtins mon congé. (Des années plus tard, au moment où j'étudiais la médecine au Canada, je fus diagnostiqué porteur de la typhoïde ; le salaud de S.S. ne s'était pas trompé.) Le nombre de malades, d'asthéniques et d'invalides était si élevé qu'en janvier 1945, un convoi de trois cents détenus frappés d'incapacité fut envoyé à Belsen.

La mort venait aussi sous l'aspect d'attaques aériennes. La première fois qu'une formation d'avions alliés nous survola, c'est avec enthousiasme que nous assistâmes au feu d'artifice du tir antiaérien allemand qui tentait en vain d'abattre les avions. Nous étions alors bien loin d'imaginer que quelques jours plus tard, ce serait nous que l'attaque viserait. Informés par leurs avions-espions, les Alliés savaient à quel moment la production était pour commencer dans nos installations. Quelques avions nous survolaient un ou deux jours avant l'attaque aérienne et jetaient des tracts d'avertissement, que bien sûr il nous était défendu de lire sous peine de mort.

Les civils apprirent rapidement à courir aux abris, interdits pour nous, dès qu'ils entendaient les sirènes d'attaque aérienne. Nous disposions d'une sorte de *Splittergraben* (une tranchée protégeant ses occupants des éclats de bombes ou de tirs antiaériens) primitive et inachevée. Mais en allemand, *Grab* réfère aussi à une tombe : un seul tir direct tuait tout le monde qui s'y trouvait. Les Alliés ne connaissaient pas l'endroit où nous nous trouvions, et même s'ils l'avaient connu, ils n'auraient rien pu faire puisque nous étions situés entre les lignes et les transformateurs d'électricité. Notre camp subit plusieurs tirs directs qui firent beaucoup de victimes. Pendant les attaques aériennes, deux de mes amis et moi nous allongions dans une fosse peu profonde que nous avions creusée. Un jour, un tir derrière nous me projeta plus de onze mètres dans les airs, mais je m'en tirai avec un ventre égratigné pour seule blessure.

Le revêtement de bois de la tranchée aurait dû être recouvert d'un mètre de sable, mais le travail ne fut jamais complété. À l'automne on avait déchargé dans le camp quatorze bennes pleines de sable durci, et un «kommando» spécial avait été formé pour le tamiser et le verser sur le revêtement. Les détenus ne firent que déplacer le sable d'un coin de l'espace délimité à un autre, puis en sens inverse, déployant une grande ardeur à la tâche dès qu'un S.S. approchait. Ils protégèrent ainsi leur emploi, et leur vie, jusqu'à la dissolution du camp six mois plus tard.

Deux ou trois fois par semaine, nous nous rendions sous escorte S.S. à la blanchisserie située dans le complexe des transformateurs d'électricité. Les S.S. nous ordonnaient parfois de traverser l'enceinte (environ cinq kilomètres) d'un pas vif en sifflant une marche militaire tchèque. Il nous arriva quelquefois de siffler *It's a Long Way To Tipperary* ou *John Brown's Body,* ce qui m'attira des ennuis, car je devais alors expliquer la soudaine affluence de prisonniers de guerre anglais ou français dans notre direction.

À proportion de la quantité de linge à laver (non seulement nous faisions la lessive pour notre camp, mais aussi pour les ouvriers de l'usine), nous étions entre trente et cent vingt. La première fois que nous allâmes à la blanchisserie, ce fut Fouettard lui-même qui nous accompagna. À l'intérieur du bâtiment, nous étions placés cinq de large en face de six Allemandes civiles. Que l'un de nous osât adresser la parole à l'une des femmes, Fouettard proférait l'une de ses insultes favorites – « tire ton coup, ou mieux, mets-toi la corde au cou ». En bonne brute S.S. qu'il était depuis trop longtemps, il était enclin à étendre sans discrimination son laïus d'encouragement aux femmes. S'adresser à nous, non-humains, signifiait pour elles le camp de concentration, ou pis.

Fouettard m'ordonna de mettre mon « kommando » au travail. Avec beaucoup de *chutzpah,* je claquai des talons et expliquai que nous avions tous de l'expérience en lessive et lavage, particulièrement moi, mais que nous n'avions jamais vu de si grandes et belles machines de toute notre vie (elles étaient vraiment énormes). Aussi, pour éviter que quelque chose soit abîmé ou qu'on puisse nous soupçonner de sabotage, je lui demandai de donner l'ordre d'une démonstration des machines. L'idée de donner un ordre lui plut, et donc le chef de la blanchisserie, une Allemande, nous montra et nous expliqua le fonctionnement des machines pendant que Fouettard écoutait attentivement. Il partit ensuite, et nous nous mîmes au travail.

Nous formions tout un tableau avec nos uniformes rayés déchirés, les cheveux tondus à un demi-centimètre ou, dans le cas d'un «proéminent» comme moi, complètement rasés. Il arriva même plusieurs fois qu'on nous rasât le dessus de la tête en croix ; nous devions ressembler à l'une des hordes de Gengis Khan. La femme allemande me pria de lui révéler nos identités véritables. Je lui rappelai la punition encourue si on nous prenait à parler, mais elle m'assura qu'elle ne me trahirait pas, car ses deux fils étaient prisonniers des Américains. Je reconnus que c'était une véritable chance pour elle qu'ils soient détenus dans un système humain et je lui racontai la vérité. À partir de ce moment, les six femmes s'efforcèrent de nous aider pour la nourriture et de plus, elles surent bien des fois nous soustraire à la vue des S.S. en faisant monter la vapeur et la température à l'intérieur au-dessus de 43 °C. Bien sanglés dans leurs uniformes, les S.S. ne supportaient pas cette chaleur et quittaient promptement le bâtiment, alors que nous travaillions torse nu sur l'insistance de la femme allemande qui nous trouvait trop sales avec nos chemises.

Je découvris une mine d'or à l'intérieur du camp. Quelques-uns des S.S. de bloc me demandèrent si je pouvais faire leur lessive à la main les jours où nous n'étions pas de service à la blanchisserie ; ils devaient autrement envoyer au camp principal leurs vêtements qui ne leur étaient pas retournés avant six semaines. J'obtins de cette manière la permission de construire une cuve en béton et une chaudière dans un des coins du bloc de la blanchisserie. Avec mes deux aides, nous fîmes la « lessive à la main ». D'abord, le matin, nous faisions bouillir l'eau, dans laquelle nous prenions ensuite un bain – l'un de nous montant la garde pour éviter que les S.S. nous surprennent. Puis nous lavions à la main la satanée lessive des S.S. Le tailleur du camp repassait les vêtements que je retournais le soir. Mais ce que j'aimais le plus de ce travail, c'était de me rendre à la cuisine, où les S.S. me laissaient prendre toutes les épluchures de pommes de terre (que mes amis de la cuisine laissaient bien épaisses). Nous faisions cuire sur le dessus du poêle – dans le cantonnement des « trois grands » – des galettes de pommes de terre que nous partagions entre nous.

Lorsque je passais par la cuisine du camp des S.S. pour y ramasser les vêtements sales, ils étaient bourrés de salami, d'œufs et de beurre qu'avaient « organisés » deux détenus qui travaillaient là. Je sortais régulièrement de la nourriture en contrebande sous le nez de deux S.S. – dont la lessive faisait partie de la brassée de vêtements à laver – qui surveillaient du haut des miradors. Le butin était ensuite divisé et troqué.

Nous bravions tous les jours de nouvelles situations pour qu'avec un peu de chance et de *chutzpah,* notre petit groupe puisse survivre. Il était possible d'envisager de s'évader du camp, mais l'on ne pouvait aller nulle part sans d'abord se munir de vêtements et de papiers civils, ce qui impliquait de tuer quelqu'un. Du reste, dans nos camps, chaque évasion réussie se soldait par l'exécution de dix détenus au moins.

Eva

Je n'arrive pas encore à croire qu'en 1944, au beau milieu d'une guerre colossale, il y avait toujours des trains pour le transport d'ouvriers esclaves à travers l'Allemagne. Chaque fois que retentissait la sirène d'attaque aérienne, ce qui se produisait assez souvent, le train s'arrêtait. Nos gardes n'osaient pas nous quitter, aussi restions-nous assis et attendions-nous tous ensemble, gardes et détenues. Heureusement, il n'est rien arrivé. Nous avons seulement perçu le vrombissement lointain des avions.

Les soldats se montraient justes. Ils nous distribuaient les rations de pain sans en garder pour eux. Ils nous apportaient de l'eau fraîche chaque fois que le train s'arrêtait et qu'il ne s'agissait pas d'une attaque aérienne. Ils vidaient même nos seaux pour nous et nous faisaient ensuite y verser de la chaux. Mais ils refusaient de nous parler ou de nous dire où nous allions. Nous avons déduit, d'après les panneaux abîmés des gares que nous traversions, que nous nous dirigions vers le nord-ouest, mais ce n'est pas avant le soir du quatrième ou du cinquième jour que nous avons compris que nous approchions d'une grande ville. Ensuite nous avons aperçu le nom de Hambourg pour la première fois. Mon Dieu! de Silésie, en Pologne du Sud, à Hambourg, sur la mer du Nord — une distance approximative de huit cent quatre-vingt-cinq kilomètres. C'était difficile à imaginer. Le train a pris en grondant la voie d'évitement et s'est enfin arrêté. L'arrivée a eu lieu de façon très étrange.

Juste à côté de la voie ferrée se dressait une rangée de maisons, un ancien entrepôt du port de Hambourg. À chaque fenêtre, des jeunes hommes nous acclamaient, criaient et applaudissaient notre arrivée. C'étaient des prisonniers de guerre italiens et ils ne savaient pas du tout qui nous étions. Ils ont cessé de rire lorsqu'ils nous ont vues sortir à la file du wagon. Un silence complet s'est fait. Nous n'étions visiblement pas les belles jeunes créatures auxquelles ils s'attendaient.

Ruda

Vers la fin de l'automne 1944, les chants militaires des S.S. ne clamaient plus autant « nous-sommes-les-maîtres-du-monde ». Ma chanson favorite — que j'entendais parfois à la radio en livrant la lessive — disait : « Tout finit par passer ; après décembre vient toujours mai. » Mais je ne suis pas sûr que nos « surhommes » déshumanisés comprenaient tout le sens de ces mots. En dépit de leur remarquable amour-propre et de leur ego démesuré, certains d'entre eux se révélaient non seulement cruels, mais incroyablement bêtes de surcroît. L'un de nos S.S. de bloc, un Allemand né en Roumanie, en était la preuve vivante. Un jour, nous voyant de bonne humeur comme nous prenions une courte pause « déjeuner », il nous fit part de sa conception sérieuse de la vie dans un allemand sérieusement mauvais. Il nous demanda d'abord ce que nous savions véritablement. Nous – quelque soixante détenus – l'assurâmes que nous ne savions vraiment rien. Il continua : « Je sais lire, je sais écrire, je sais conduire une calèche et je sais même rouler à bicyclette. Je n'y peux rien si je suis un homme de mille et un talents. »

Mais il existait une exception. En novembre 1944, parmi nos escortes, se trouvait un jeune S.S. qui affirmait être d'origine alsacienne. Lorsqu'il nous garda la première fois, il me demanda de quoi nous avions vraiment besoin et s'il pouvait faire quelque chose pour nous aider. Ma réponse fut sans détour : nous avions besoin de tout et il ne pouvait rien faire. Malgré tout, il acheta deux cents cigarettes à la cantine de l'usine, ce qui dut lui coûter une fortune, et les distribua parmi nous. Et il se débrouillait aussi pour nous donner quelque chose comme du salami, du pain également, chaque fois que nous retournions au camp avec lui. À la barrière d'entrée, il nous fouillait lui-même – en vertu de sa prérogative d'escorte S.S. —, nous poussant et nous bousculant et nous giflant même pour faire plus véridique. Interrogé sur ses raisons d'agir ainsi, il répondit qu'il savait bien que c'était trop tard, mais qu'il avait tout au moins le devoir de compenser l'injustice de quelque façon. Je n'avais aucune difficulté à imaginer les horreurs épouvantables dont devait être rempli son passé.

Une semaine avant Noël, il me fit une incroyable proposition. Si j'écrivais à Eva, il s'occuperait de lui faire parvenir ma lettre. Je repartis que je ne savais même pas si elle était encore en vie ni, en admettant qu'elle le fût, où elle se trouvait. Il rétorqua qu'il n'existait que trois principaux camps de femmes (Struthof, Grossrosen et Neuengamme). Je n'aurais donc qu'à écrire trois lettres qui seraient toutes envoyées. L'une d'elles finirait bien par trouver Eva. Puis il me donna du papier, des enveloppes et un crayon. Toute cette histoire semblait absurde, ou pis encore, dangereuse. Nuit après nuit, j'avais si souvent songé à elle, rêvé d'elle ; je lui avais si souvent parlé. Parfois je la sentais si proche que je voyais même son visage tout près du mien. « Si j'écris cette lettre, m'inquiétai-je, sûrement mon S.S. me fera exécuter ou il arrivera quelque chose à Eva. » Mais quand vint le matin, je lui avais écrit trois lettres identiques. Après tout, cet officier S.S. ne courait pas grand risque et n'avait rien à tirer de la situation, sinon peut-être une conscience plus légère. Je ne mettais pas non plus en danger la vie d'Eva, puisque ces lettres, écrites par un rêveur innocent, ne portaient aucune adresse. Le contenu était très intime, aucunement instructif, et je ne m'attendais pas à une réponse.

Eva – qui travaillait comme esclave à Hambourg et logeait dans le camp annexe de Neuengamme – reçut ma lettre deux semaines plus tard, comme je finis par l'apprendre. On lui recommanda d'inscrire sur sa réponse une adresse d'expéditeur à Prague, au cas où la lettre ne me serait pas livrée. Elle tenait ma lettre pour authentique et la trouvait excitante, mais elle n'était pas très emballée à l'idée d'y apposer une adresse de Prague. Mais surmontant ses craintes, elle écrivit une réponse avec l'adresse de parents éloignés, ainsi que nous l'avions fixé au préalable à Terezin. Le S.S. de Schwarzheide, qui envoya ma lettre, s'était vraisemblablement servi d'un réseau antinazi clandestin. La livraison avait peut-être permis de s'assurer que le système fonctionnait bien. Plusieurs organisations de ce genre se formèrent à cette époque, car il devenait de plus en plus manifeste que Hitler était selon toute apparence dément et que l'Allemagne perdait la guerre. La tentative d'assassinat contre Hitler en 1944 était le fait d'un pareil réseau.

Eva

Nous avons gravi trois escaliers avant d'arriver dans une
salle spacieuse dotée de fenêtres, de rangées de châlits
doubles et, miracle entre tous les miracles, d'eau courante
et de toilettes à chasse d'eau. Nous avons complètement
perdu les pédales et sommes devenues incontrôlables ;
toutefois, je ne crois pas que personne ait alors voulu
nous contrôler. Nous nous sommes déshabillées et avons
laissé ruisseler l'eau sur nos corps. Nous avons actionné
cent fois la chasse.

 Mais notre enthousiasme n'a pas fait long feu. En
l'espace de quelques jours, les vingt ou trente toilettes
étaient irrémédiablement bouchées et il ne coulait plus
qu'un filet d'eau. Après tout, nous étions cinq cents et ces
installations étaient conçues pour accueillir cinquante
personnes. Quand même, tout le temps que cela a duré,
c'était pour nous un vrai miracle. On nous a donné des
couvertures, une par personne, et assigné nos places,

deux filles par châlit. Ruth et moi étions, bien sûr, ensemble. Les fenêtres à l'autre bout de l'immense salle donnaient sur le large canal d'une rivière ; en fait, le bâtiment où nous nous trouvions paraissait surgir tout droit de l'eau. Ce soir-là on nous a servi une tranche de pain avec un petit peu de margarine et de l'ersatz de café. Nous nous sommes tout de suite endormies mais pas pour longtemps. Il faisait encore complètement nuit et très froid lorsque nous avons été réveillées par une voix qui criait en allemand, comme à Auschwitz. Cette voix masculine allait nous servir de réveil durant les deux mois de notre séjour à Hambourg. L'homme a crié : « Auf, auf, ihr Hexeneulen ! », qui se traduit par : « Debout, debout, hiboux de sorcières ! » Il était exactement trois heures quinze, qui deviendrait l'heure de notre réveil jusqu'au printemps suivant. Nous sommes descendues de nos châlits en titubant, puis nous avons plié nos couvertures à la militaire, suivant les ordres, et bu de l'ersatz de café, mais sans pain cette fois. Après qu'on nous eut comptées et recomptées, on nous a conduites, toujours sous escorte militaire, dans les escaliers, puis dans la rue où nous avons marché quelques pâtés de maisons jusqu'à la rivière où nous attendait un bateau. Il était déjà bondé de prisonniers de guerre italiens qui nous ont regardées avec beaucoup de curiosité, mais n'ont pas osé nous parler.

À peine étions-nous embarquées que le bateau partait. Nous nous sommes soudain aperçues que nous étions sur la rivière Elbe. Celle-là même qui prend sa source dans les montagnes Krkonose en Tchécoslovaquie et se jette dans la mer du Nord à Hambourg. Cette pensée nous a rendues sentimentales et nostalgiques et nous avons de nouveau entonné nos mélancoliques chansons tchèques.

Le bateau a fait plusieurs arrêts, débarquant chaque fois un groupe de filles avec leurs gardes. Notre tour est enfin arrivé. Il était maintenant sept heures et le soleil nous réchauffait doucement. Nous étions près de cinquante filles. Nous avons marché jusqu'à une barrière. C'était le lieu où nous allions travailler : la compagnie Rhenania Shell Oil, comme l'indiquait l'enseigne abîmée. Il s'agissait essentiellement d'un immense champ de débris, de morceaux de métal tordu et de cratères de bombes, avec ici et là quelques cuves à mazout intactes. Les contremaîtres allemands — à qui nos gardes se rapportaient — nous ont regardées avec appréhension et incrédulité. Ils ne semblaient pas très bien saisir qui nous étions ni comment nous étions censées les aider. Nos gardes les ont avertis de rien nous épargner et de nous faire travailler comme si nous étions des hommes. Et je dois dire que c'est exactement ce qu'ils ont fait ! Notre tâche consistait à séparer le métal de la brique qu'il fallait ensuite empiler dans des wagonnets sur rails. Nous devions alors pousser les wagonnets remplis jusqu'au lieu de collecte, les vider, et recommencer. C'était un travail ingrat. Nous n'avions aucune idée de la provenance de ces gravats ni pourquoi nous les ramassions. Mais nous savions que c'était épuisant et que nous avions faim.

Malgré les signes alarmants, les S.S. du camp s'en donnaient à cœur joie. Ils volaient nos cartes de rationnement et les paquets que nos amis nous avaient envoyés d'ex-Tchécoslovaquie avec beaucoup de difficulté. Les S.S. s'enhardissaient et se montraient toujours plus inventifs. Un matin, au moment du dénombrement, deux détenus qui s'étaient présentés comme maçons furent dégagés de leur «kommando» et affectés à une nouvelle tâche : ils devaient monter un fumoir au milieu du camp. C'était une étrange structure, construite selon des spécifications techniques que les civils d'une usine avaient illicitement procurées aux maçons. Il fallut plus d'une semaine pour bâtir ce fumoir. Le regarder nous serrait le cœur, car il avait l'air, mais en plus petit, d'un module des chambres à gaz et du crématorium d'Auschwitz. En outre, la «miniature» (terme par lequel nous désignions cette chose obscène) était elle aussi entourée d'une rangée de barbelés. Un gros jambon et du bois d'une essence appropriée – de l'érable, je crois – furent confiés à un détenu boucher expert en viande fumée qui se chargea d'entamer le procédé de fumage du jambon. Durant plus de deux semaines, le camp fut imprégné de l'arôme du jambon fumé, qui devenait dans nos imaginations de plus en plus attirant et tentant, nous faisant saliver, nous tourmentant et nous tournant le sang.

Notre petit groupe se composait de détenus légèrement mieux nantis que la plupart. Nous «organisions» la nourriture et récoltions tous les «avantages» qu'il était possible à un détenu de camp de concentration de se procurer. Et bien sûr, ainsi va la vie, l'appétit vient en mangeant et manger donne de l'appétit. Ou comme disent les Allemands : *Quand l'âne est bien nourri, il danse sur le feu.* Nous avons donc manigancé un plan pour «organiser» ce fameux délice de Prague, le jambon fumé, lorsqu'il aurait mûri à point. S'en emparer ne posait pas de problème majeur : il était, selon toute vraisemblance, accroché dans la cheminée du fumoir sans surveillance directe. Du fil barbelé interdisait l'entrée du fumoir, qui était aussi cadenassée, mais pour des «organisateurs» chevronnés ce n'était là que d'insignifiants obstacles.

Nous discutâmes, lors d'une assemblée clandestine, des conséquences évidentes et invisibles, ou imprévisibles, de nos agissements. Nous conclûmes qu'il était possible que notre coup rende les S.S. en question fous furieux et que dans leur rage, ils fassent tout pour découvrir les coupables. Par contre, si le coup ratait, il était peu probable que se produise quelque chose de grave, tel que sévices ou exécutions. Mais d'autres difficultés étaient à considérer. Le jambon devrait être mangé en une seule fois, car il n'y avait aucun moyen de le cacher ni de le conserver. En outre, toutes sortes de problèmes de digestion pouvaient en résulter, ce qui risquait de nous trahir. Mais dans le camp proliféraient les infections intestinales en tout genre qui allaient de la malabsorption à la dysenterie, si bien qu'il n'y avait rien d'inhabituel à ce que les gens vomissent ou excrètent littéralement leur vie dans les latrines. Nous n'attirerions donc pas l'attention dans l'éventualité où nous aurions une réaction adverse au jambon (le jeu de mots religieux n'est pas intentionnel ; de toute façon, à cette époque, le grand Dieu des Juifs se fermait les yeux et les oreilles).

Étant donné les répercussions possibles de notre entreprise, il était clair pour nous que les conséquences seraient graves si la moindre trace de jambon était trouvée. La moindre odeur décelée sur nos vêtements ou notre haleine, la moindre particule entre les dents, et tout particulièrement le moindre reste — comme de la viande ou l'os même — pouvaient nous trahir. Il existait une croyance infondée et non testée (par nous) voulant que l'extrait de tabac — préparé en faisant bouillir du tabac ou des cigarettes jusqu'à l'obtention d'une masse gélatineuse et visqueuse — masque toute odeur de viande, même humaine. Des détenus avaient prétendument utilisé ce procédé avec succès pour couvrir leurs traces au moment où ils s'évadaient. Les limiers, rebutés par l'odeur, avaient refusé de poursuivre. Nous décidâmes donc de nous enduire d'extrait de tabac après le festin — mais sans trop tarder pour éviter d'attirer l'attention. Ensuite nous recouvririons l'os de jambon et les restes de gelée de tabac et irions les enterrer dans la carrière de sable. Nous préparâmes soigneusement chacun de ces détails.

Les dents étaient une autre de nos préoccupations. Nous nous procurâmes, par l'entremise des électriciens, quelques fils de cuivre fins qui serviraient à enlever les particules de nourriture coincées entre les dents ; nous comptions nous gargariser avec la solution de chlore dilué que j'employais pour faire la lessive.

Le jeudi, nous passâmes à l'action. George V. faisant le guet, George W. et moi dérobâmes le trésor vers une heure du matin. Nous l'emportâmes jusqu'à notre rudimentaire abri anti-bombes où nous enlevâmes nos vêtements et attendîmes un peu que le jambon refroidisse, puis nous entamâmes un festin digne de Lucullus. Ensuite, utilisant des allumettes pour nous éclairer, nous nous curâmes les dents. Puis nous nous rendîmes tour à tour au bloc des toilettes sur la pointe des pieds. Le soleil commençait déjà à poindre lorsque George W. et moi enterrâmes l'os de jambon et ce qui restait de la peau – que nous avions au préalable enduits de gelée de tabac. Nous nous lavâmes et nous enduisîmes de plusieurs couches de gelée de tabac, prenant soin d'en étaler un peu sur nos uniformes rayés. Finalement, sans cesser d'éructer en chemin, nous regagnâmes nos châlits.

Le rapport de dénombrement du matin fut interrompu par des cris et des hurlements. L'un des S.S. de bloc avait découvert le vol. Tout le monde dut rester la journée entière au garde-à-vous.

Personne n'alla travailler. On nous enjoignit à répétition de rapporter toute information relative à la mystérieuse disparition, et les S.S. promirent de se montrer justes et cléments, mais leurs questions ne rencontrèrent qu'un silence digne. Au début, nous nous retenions d'éclater de rire, mais la journée avançant, cela devint sérieux. Des chiens dépisteurs furent amenés au camp, avec trois dentistes que les S.S. avaient dégotés on ne sait où, et ils nous inspectèrent l'un après l'autre, les chiens nous reniflant et les dentistes nous examinant la bouche. J'étais pris de nausées rien qu'à penser que les deux George n'étaient pas de la trempe des héros, mais notre scénario avait été plutôt rigoureux et le tabac devait être efficace, car en fin de compte, les S.S. laissèrent tomber. Toutes leurs tentatives de découvrir les coupables s'étaient soldées par un échec. Ils devaient probablement commencer à se suspecter les uns les autres.

Deux mois plus tard, une autre disparition fut rapportée par le S.S. responsable de la cuisine des détenus – un individu stupide et brutal. L'un de ses trois chats préférés – lesquels s'appelaient Peter, Schnautz et Boutsi-Boutsi – s'était volatilisé. Le chat s'était peut-être simplement échappé, mais les autres S.S. le taquinaient en lui disant : « Les Juifs l'ont avalé, ton Boutsi-Boutsi ; au moins il était casher ! » Ils avaient raison. Je connaissais les gars qui avaient mangé le chat ; ils l'avaient fait bouillir sur le poêle de ma blanchisserie.

Dix jours après la disparition de Boutsi-Boutsi, la « ventouse » des latrines se bloqua. Il s'agissait d'une pompe reliée à un boyau aspirant qu'utilisait un « kommando » spécial lors des rares inspections du commandant du camp et des divers S.S. de haut rang. Un détenu courageux ouvrit la citerne de la pompe, y plongea le bras jusqu'au coude et en tira lentement la peau tachetée et souillée du défunt Boutsi-Boutsi. Il n'y eut aucunes représailles. Même les S.S. se tordaient de rire.

Mais ce genre d'épisode comique ne dissipait en rien la cruelle réalité à laquelle nous étions toujours confrontés. La nourriture, rare, fournissait à peine huit cents calories par jour, mille tout au plus. Les repas consistaient en un morceau de pain noir immangeable avec une sorte de soupe *Eintopf* infecte qui contenait, selon l'approvisionnement, des morceaux de n'importe quoi ou rien du tout. Les cuistots faisaient de leur mieux ; ils comprenaient que tant qu'il y aurait de l'eau, la soupe ne manquerait pas. Les détenus trimaient dix heures ou plus tous les jours, sans compter les quatre-vingt-dix minutes de marche pour se rendre au travail, et en revenir. Il n'est pas étonnant que beaucoup aient succombé à diverses maladies ou soient morts tout simplement.

Eva

À part les contremaîtres allemands, il y avait d'autres personnes qui travaillaient à proximité. Nous nous demandions qui pouvaient bien être ces hommes. Je chargeais un wagonnet lorsque j'ai remarqué qu'un groupe de jeunes hommes nous observaient. Ils conversaient entre eux et je me suis aperçue — mon Dieu ! — qu'ils parlaient français, car je comprenais cette langue ; j'ai passé le mot à tout le monde. Les hommes nous ont envoyé des clins d'œil et nous avons répondu en faisant de même ; ils avaient l'air de saisir que je comprenais. L'un deux me pointa une roche. À midi se trouvait déjà sous cette roche une lettre avec du papier propre et un crayon, que j'ai récupérés.

« Nous sommes des prisonniers de guerre français, disait la lettre. Qui êtes-vous ? Il nous a semblé que l'une d'entre vous comprenait ce que nous disions en français. Veuillez nous répondre et nous expliquer votre situation. Nous pouvons vous aider. »

Le déjeuner se composait du même genre de soupe qu'à Auschwitz, un brouet malodorant que les Allemands apportaient dans des barils spécialement pour nous et qu'ils nous distribuaient avant leur repas de pain couvert de saindoux, avec des pommes et des fruits secs. Pendant notre courte pause j'ai écrit, avec l'assentiment du groupe, un bref message énonçant avec beaucoup de prudence que nous étions Tchèques et Juives, que nous avions passé la plus grande partie de l'année à Auschwitz-Birkenau, et savaient-ils ce qu'était cet endroit ? J'ai ajouté que nous avions faim et que nous manquions de tout.

Le lendemain, nos gardes, les soldats, de même que les contremaîtres allemands se sont montrés beaucoup plus gentils envers nous. Les prisonniers français les avaient tous soudoyés avec les cigarettes de leur paquet de la Croix-Rouge. Ils avaient fait de même avec leurs propres gardes (qu'ils soudoyaient tous les jours, de toute façon) pour qu'ils les laissent travailler à côté de nous. Ils voulaient tout savoir à notre sujet, et ils essayaient de nous parler, mais nous avions trop peur. Nous avons donc préféré leur écrire.

Je bénissais ma mère d'avoir exigé que j'apprenne le français comme il faut. Nous communiquions avec les prisonniers de guerre français en plaçant, sous les pierres, des lettres dans lesquelles nous leur racontions tout. Au début, ils ne nous croyaient pas, mais nous les avons convaincus. À la suite de ces échanges, chacune a hérité d'un parrain qui prenait sur lui de s'occuper de « sa fille ». Le premier cadeau que j'ai reçu (parce que je l'ai demandé) était une brosse à dents avec du dentifrice solide, Colgate. Tous les jours, je rédigeais les messages de notre petit groupe ; nous avons écrit des centaines de lettres d'amour. Je n'ai rencontré mon parrain en personne que deux fois. Il s'appelait François Mariani et était originaire de Corse. La première fois, il a soudoyé son garde et le mien pour que nous puissions nous rencontrer quelques minutes derrière une citerne à essence. La seconde fois, nous avons échangé quelques mots dans un abri antiaérien.

Ils faisaient preuve d'une incroyable bonté à notre égard. Non seulement ils partageaient leur paquet de la Croix-Rouge, mais ils nous donnaient leurs chandails, leurs chaussettes, et même leurs sous-vêtements ; ils *nous fournissaient des cigarettes, nous achetaient du pain et nous trouvaient jusqu'à des médicaments ; ils soudoyaient leurs gardes et les nôtres pour qu'ils détournent les yeux lorsque les paquets étaient placés dans les différentes cachettes et que nous les récupérions. Ils étaient fous de joie quand Paris a été libéré le 20 août 1944. C'est à peine si nous avions échangé une seule parole, mais nous étions tous un peu amoureux. Ces prisonniers de guerre français nous ont gardées en vie durant les deux mois que nous avons passés à Hambourg et je leur en serai éternellement reconnaissante.*

Ruda

Avec l'arrivée de la nouvelle année, la cadence s'accéléra dans le complexe usinier. Quant aux bombardements, ils redoublèrent. Sentant venir la fin, les S.S. se montrèrent encore plus agressifs ; ils croyaient toujours aux armes miracle que Hitler avait promis d'utiliser en dernier recours. Après la guerre, nous avons appris qu'il s'en était fallu d'un cheveu que Hitler ne remplisse sa promesse. L'hiver fut relativement doux, mais allongé sur mon châlit dans mon prétendu « manteau d'hiver » et enroulé dans une mince couverture de cheval, j'eus froid comme jamais malgré ma situation privilégiée. Mon ami qui travaillait à la cuisine (et qui vit maintenant à Montréal) utilisait son « manteau d'hiver » conformément à sa vraie fonction, c'est-à-dire comme un peignoir de bain rayé. Une nuit, tandis qu'il se rendait en courant aux latrines enveloppé dans son manteau, le S.S. de l'approvisionnement l'aperçut et lui donna la chasse. Heureusement, il échappa au S.S., car autrement il aurait été sévèrement puni pour mésusage de l'équipement d'hiver.

Durant tout l'hiver, je me réveillai chaque matin au signal, mais il me fallait plusieurs minutes avant d'arriver à bouger les doigts et les orteils, qui étaient raides comme une barre de fer. Le printemps nous apporta un peu de chaleur, un peu de verdure et des nouvelles en abondance, indirectes pour la plupart mais porteuses d'espoir. Nous eûmes l'occasion de constater la puissance des Alliés, tout particulièrement après avoir vu le résultat des bombardements. Par exemple, une locomotive fut un jour projetée par une bombe au deuxième étage du bâtiment principal de l'usine en ruines. Nous passâmes ensuite toute la nuit à écouter le grondement continu de la terre qui tremblait sous les bombardements alliés à Dresde, cent quinze kilomètres plus loin.

Eva

Lorsque nous sommes arrivées à Hambourg, toutes les filles qui avaient occupé à Auschwitz des positions en vue dans la hiérarchie des détenues s'attendaient à disposer du même statut dans le nouveau camp. Il y avait les Blockælteste, les chefs de baraque ; les Blockschreiberin, les secrétaires de baraque, dont la tâche principale était de tenir un compte exact des vivantes et des mortes ; et les Stubendienst, *les femmes de ménage des baraques,* qui s'occupaient de garder les lieux propres. *Mais au B II B, nous étions approximativement quatre mille détenues, alors qu'à Hambourg nous n'étions qu'à peu près cinq cents. Il n'y avait que deux ou trois S.S. responsables ; notre* Lagerkommandant *(commandant de camp), un homme appelé Spiess, n'était qu'un simple* Hauptscharführer *(sergent-major) de Hambourg qui recevait ses ordres directement de Berlin. En outre, surtout les premiers mois, il n'y avait que des entrepôts mais aucune baraque. Et donc la plupart des positions en vue ont été automatiquement supprimées.*

Au cours des tout premiers jours, les rares positions à l'intérieur ont été l'objet d'une véritable lutte, car elles comportaient la distribution de la nourriture et dispensaient les détenues de travailler dehors. Les détenues préféraient rester à l'intérieur, parce qu'il n'y avait tout simplement rien à faire une fois que tout le monde était parti travailler, et qu'il était ainsi possible de faire un somme additionnel. Une fille nommé Else a hérité de l'emploi de Lagerschreiberin. *Elle était chargée de nous suivre : elle devait être informée de l'endroit où chacune travaillait, savoir si nous étions en santé ou mourantes ou portées malades. Mais je crois qu'elle était principalement secrétaire dactylo pour notre* Lagerkommandant *et qu'elle rédigeait pour lui les rapports envoyés à Berlin, car c'était un illettré en fonction. Quelques autres, auparavamt chefs de bloc à Birkenau, ont été nommées aides-soignantes.*

La position la plus en vue à Hambourg était celle de Lagerælteste, ou chef de toutes les détenues. Dans les camps allemands, la Lagerælteste régnait en maîtresse au sens propre : ses désirs, ses caprices, ce qu'elle aimait et ce qu'elle n'aimait pas faisaient la loi. Notre Lagerælteste s'est révélée comme une personne tout à fait cruelle.

Le deuxième jour où nous étions à Hambourg, Ruth et moi avons reçu un demi-kilo de sucre de notre ami français. Il s'agissait pour nous d'un miracle. Nous avions complètement oublié ce que le sucre goûtait et même qu'un tel produit existait. Je traînais toujours mon diamant pour me rendre au travail comme pour en revenir, mais j'avais peur. On nous fouillait de façon aléatoire à notre retour au camp. Aussi Ruth et moi avons-nous décidé d'enfouir la pierre dans le petit sac de sucre que nous cacherions sous notre paillasse. Nous étions trop naïves pour imaginer la féroce lutte pour le pouvoir qui se déroulait à ce moment-là.

Le troisième jour, nous n'avons pas cessé de penser à une bonne tasse de café avec beaucoup, beaucoup de sucre. Aussitôt revenues au camp et une fois le café distribué, nous nous sommes empressées de gagner nos châlits avec nos tasses en fer-blanc pleines à ras bord. Nous nous sommes lentement assises sur la paillasse, puis, installées confortablement, nous avons mis dans chaque tasse une cuillerée comble de sucre. Nous avons remué le liquide qui s'est mis de manière fort inhabituelle à mousser en grosses bulles. Nous étions perplexes et avons pensé que nous avions peut-être oublié comment le sucre réagissait dans l'eau chaude. Il est impossible de décrire la stupéfaction que nous causa la première gorgée, mais la boisson avait un goût vraiment infect. Nous avons récupéré sous notre paillasse le prétendu sucre et y avons goûté. Quelqu'un avait changé notre sucre pour du savon et volé notre pierre par-dessus le marché. Ce soir-là, les postes supérieurs ont été annoncés. Celui de Lagerælteste revenait à Trude L. J'ai eu l'audace de l'affronter en lui faisant part de mes soupçons quant à la substitution du sucre et au vol du diamant. Elle m'a giflée brutalement, mais n'a pas rejeté l'accusation. Beaucoup plus tard, nous avons appris qu'elle avait en effet acheté son poste avec le diamant de ma belle-mère. Je n'ai jamais regretté la perte du diamant. Ce qui a nous vraiment blessées, Ruth et moi, c'était celle du sucre.

Après la guerre, de nombreuses filles de notre groupe ont porté des accusations de collaboration avec les Allemands contre notre Lagerælteste devant le tribunal populaire de Tchécoslovaquie. Elles ont fait circuler une pétition que chacune devait signer pour la faire inculper. La femme se présenta à notre appartement et nous supplia : son mari et elle avaient adopté un orphelin et souhaitaient émigrer au plus vite en Argentine, mais ne pouvaient quitter le pays tant que les poursuites contre elle n'étaient pas annulées. Elle ne niait plus la substitution du sucre par du savon ni le vol du diamant ; elle pleurait et me suppliait de ne pas signer. Je n'ai donc pas signé. Pourquoi l'aurais-je fait ? J'étais vivante et j'étais heureuse, et je savais que je n'aurais jamais été capable d'occuper l'emploi de Lagerælteste.

Quant à notre Lagerkommandant, *le* Hauptscharführer *Spiess, il ne semblait pas de prime abord l'un
de ces ignobles S.S. — avant qu'il ne commette un crime
affreux. Il y avait trois filles enceintes dans notre
camp. Lorsqu'il l'a appris, il a retourné ces trois filles
à Auschwitz-Birkenau où elles ont été gazées. Après la
guerre, il a été arrêté à Hambourg, et je crois que c'est
ce qu'il avait fait aux trois filles qui a contribué à son
inculpation plus que toute autre chose. Je ne connais
pas la sentence qu'il a reçue.*

Ruda

Un jour à la fin d'avril, nous entendîmes des explo-
sions lointaines provenant de deux directions. C'était
l'artillerie de l'armée russe qui avançait. En moins
de vingt-quatre heures, une alerte générale fut lancée dans le camp : nous battions en retraite. Deux
charrettes de ferme furent réquisitionnées dans
lesquelles on chargea rapidement les biens des S.S.
et l'approvisionnement de base. Puis les ordres usuels
retentirent : « Au garde-à-vous, tous ! À droite ou à
gauche, placez-vous cinq de large, à distance égale.
En avant, marche ! »

Nous franchîmes la barrière principale pour nous
joindre au cortège sans fin des Allemands fuyant
l'avance des Russes. Nous allions bon train et tous
les jours notre destination changeait. Nous étions
censés parcourir à peu près cinquante kilomètres
par jour en direction du camp de Buchenwald (qui

pendant ce temps était libéré par les Américains).
Nous étions au nombre de huit cents lorsque nous
entreprîmes cette marche de la mort, puisque cent
nouveaux arrivants s'étaient joints à notre groupe
quelques semaines plus tôt. Le ravitaillement n'était
pas assuré de façon régulière, aussi volions-nous ce
que nous pouvions quand c'était possible, la plupart
du temps lors des attaques russes en piqué sur la
route. Tandis que les civils allemands s'enfuyaient,
nous passions vite à l'action avec le seul objectif de
trouver de la nourriture. La règle était claire – « qui
pille sera abattu » –, mais nos S.S. nous laissaient
marauder. Ils nous enlevaient ensuite le butin qu'ils
trouvaient, se l'appropriaient et abattaient quelques détenus.

Devenue accessoire avec la guerre, la vie ne
valait maintenant plus un clou. Ceux qui parmi
nous possédaient une bonne paire de chaussures se
considéraient comme chanceux, car cela comptait
pour une commodité essentielle. Une ampoule
douloureuse – que favorisait le port de chaussures
mouillées sans chaussettes ou avec les pieds envelop-
pés de chiffons qui glissaient et plissaient – obligeait
le détenu à ralentir ou à traîner les pieds. Ce qui
équivalait à un arrêt de mort. Affaiblis à l'extrême,
de nombreux détenus ne marchaient plus que par
réflexe, comme des automates ; mais la moindre
interruption ou variation dans la cadence les bri-
sait ; épuisés, ils traînaient en arrière. Les S.S.
attendaient que ces détenus prennent un retard de

cinquante mètres, puis ils les faisaient mettre au garde-à-vous sur le bord de la route et les abattaient. Ensuite ils poussaient dans le fossé les corps qui n'y étaient pas tombés d'eux-mêmes. Ils ne se donnaient même pas la peine d'enterrer ou, tout au moins, de camoufler les morts.

Nos pertes augmentaient rapidement alors que nous poursuivions notre marche, désormais silencieuse la plupart du temps. Nous ne ressentions plus rien ; personne ne pouvait plus s'offrir le luxe d'éprouver quoi que ce soit, car il importait de préserver le peu de forces qui nous restait pour survivre. Nous ne ressentions plus ni malheur ni espoir.

Après plusieurs jours, nous franchîmes l'ancienne frontière tchèque du Nord et logeâmes dans une fabrique de textile inoccupée. Il n'y avait pas la moindre nourriture, mais le camp était pourvu d'une grande pelouse jonchée de pissenlits et de pâquerettes ; certains en mangèrent, ce qui les rendit très malades et amusa les S.S. qui riaient : « Voyez, les Juifs sont maintenant des vaches ! »

Eva

J'ai survécu à plus de deux cents attaques aériennes directes au-dessus de Hambourg. La première fois que les sirènes ont retenti, nous dormions dans notre entrepôt. Nos gardes et les quelques S.S. responsables du camp ont simplement verrouillé les portes et sont partis. Nous avons observé par les fenêtres le spectacle fascinant des premiers avions apparaissant dans le ciel et lâchant des fusées éclairantes (que nous appelions des arbres de Noël) pour localiser leur cible. Puis les bombes se sont mises à tomber et en quelques minutes tout était en flammes. Cela a peut-être duré une heure. Nous regardions la ville brûler et nous applaudissions. L'idée de la peur ne nous a même pas effleurées. Ensuite ont commencé les attaques aériennes diurnes, ce qui mit nos gardes dans un sérieux dilemme, parce qu'ils n'avaient pas le droit de nous laisser sans surveillance pendant le jour, ainsi qu'ils le faisaient la nuit. Aussi, visant leur protection plus que la nôtre, ils nous ont emmenées dans le Hoschbunker le plus proche. Ces structures de six ou sept étages formaient des cubes parfaits. Les murs extérieurs et les fondations étaient en béton d'une épaisseur de six à sept mètres. Le sous-sol et les premiers étages abritaient l'hôpital, les femmes et les enfants, et le reste était occupé par d'autres Aryens. Le dernier étage logeait les prisonniers de guerre, la main-d'œuvre esclave et nos gardes. J'ai fait deux fois l'expérience d'une frappe directe sur un tel abri ; à chaque fois il a oscillé, mais il a résisté à l'impact.

Avec la venue de l'automne et les attaques aériennes presque continues — menées le jour par les Américains, et la nuit par les Britanniques —, nous avons déménagé dans une banlieue de Hambourg nommée Neugraben. Avant le déplacement, on nous a distribué de vieux manteaux sans manche gauche, des étoiles de David, de grands carrés d'étoffe rouges, du fil et des aiguilles. On nous a ordonné de coudre la manche gauche d'un autre manteau sur le nôtre. Par conséquent, puisque le manteau de Ruth était brun et le mien bleu, j'avais maintenant une manche gauche brune et elle, une bleu marine. Nous avons cousu le carré rouge dans le dos du manteau et l'étoile de David avec un grand J pour « Juif » sur la poitrine à gauche. Ces conditions rendaient toute évasion impossible.

À Neugraben, on nous a logées dans des baraques où se trouvaient des ouvriers esclaves — provenant de partout en Europe — qui travaillaient dans des usines de munitions à proximité. Nous avons construit des maisons, creusé des tranchées et assemblé de petites maisons en préfabriqué pour les Allemands qui avaient été bombardés[11]. Le travail était dur et, comme d'habitude, nous avions faim et froid. Il faisait un froid humide et pénétrant qui enveloppait les choses ; tout était moite au toucher. Il y avait une salle de toilettes avec un filet d'eau glacée pour se laver. Ruth et moi avons pris une autre résolution : nous devions nous passer à l'eau de la tête aux pieds tous les jours, même s'il était tard ou que nous étions fatiguées ; autrement, nous ne survivrions pas. Nous avons tenu notre résolution et n'avons jamais attrapé même un simple rhume.

Les attaques aériennes n'étaient pas aussi intenses ni aussi fréquentes qu'elles l'avaient été à Hambourg.

---

11 Sûrement nous étions d'excellents constructeurs, car ces maisons sont toujours habitées. Je l'ai appris d'une amie qui après avoir entendu mon histoire, a fait le voyage de Londres à Hambourg-Neugraben.

Cependant, il ne se trouvait plus aucun Français pour nous aider. Cette fois-ci, nous étions livrées à nous-mêmes. Il n'y avait rien à « organiser » à Neugraben, sauf des poireaux qui poussaient à profusion devant chacune des maisons que nous passions en chemin vers le chantier de construction. Mais dès qu'un Allemand, homme, femme ou enfant, nous voyait ramasser un poireau, il nous dénonçait tout de suite à nos gardes : « Cette sale Juive vole encore. » J'ai reçu un jour une terrible raclée à cause d'une Hausfrau et d'un malheureux poireau.

Vers Noël, les maisons étant presque finies, hors les intérieurs, on nous a assigné une autre tâche. Nous avons commencé à prendre le train de trois heures trente vers Harburg-Wilhelmsburg, une banlieue de Hambourg. La gare était située à environ une demi-heure de marche. Il y avait maintenant beaucoup de neige au sol et nos sabots dérapaient comme des skis mal fartés. La neige s'agglutinait tout simplement dessous jusqu'à former une semelle compensée. À Wilhelmsburg, nous avons encore une fois travaillé dans les décombres ; nous nous installions dans les rues pour nettoyer, avec des marteaux, les briques des bâtiments effondrés. Puis nous mettions les briques dans des machines qui les broyaient et les malaxaient, et quelques minutes plus tard, des briques toutes neuves sortaient à l'autre bout sur un tapis roulant, prêtes pour la reconstruction de l'Allemagne.

Les attaques aériennes avaient repris, jour et nuit, sans répit ; il pleuvait des bombes sur Hambourg et nous avions l'impression qu'il y avait toujours une partie de la ville qui flambait. Mais nous n'avions jamais *vraiment peur. Nous étions complètement détachées de ce qui se passait ; nous nous contentions de regarder et d'attendre.*

Ruda

Nous étions le 1ᵉʳ mai — célébré comme jour de l'Amour (avant de devenir la socialiste fête du Travail) par la littérature slave et la tradition. Le 1ᵉʳ mai 1945, nos S.S., qui étaient au nombre de cent vingt, reçurent de très mauvaises nouvelles. Hitler venait de se suicider et l'Allemagne était près de s'effondrer. Nos « trois grands » profitèrent de l'occasion pour déclarer qu'il était absurde de continuer à marcher, car cela finirait par tous nous tuer. Si nous devions nous rendre plus loin, ajoutèrent-ils, nous ne le ferions qu'en train. Nous ne pouvions physiquement plus continuer. Ils prenaient un risque calculé, misant sur le fait évident que les S.S. avaient besoin de nous s'ils ne voulaient pas être envoyés au front ; et l'astuce fut une réussite. Nous prîmes place dans des wagons découverts et après avoir roulé soixante-cinq kilomètres, nous restâmes bloqués durant trois jours dans une gare située au milieu d'une ville du Sudetenland de grandeur moyenne qui s'étendait sur deux collines en amont. Nous devions faire attention que nos têtes ne dépassent pas les ranchers du wagon, qui faisaient environ un mètre de haut, car les S.S. tiraient sur nous à bout portant. Il plut à verse tout le long des trois jours, par conséquent nous ne manquâmes pas d'eau et nous restâmes nonchalamment assis sur les cadavres de nos compagnons. Les employés du chemin de fer exigèrent que les S.S. nous laissent enterrer les morts, ce que nous fîmes aux abords de la gare. L'ancien chef administratif du *Revier* à B II B comptait parmi les morts.

Le huitième jour de mai, on accrocha une locomotive à notre train qui avança encore cinquante kilomètres en soufflant. La soirée était avancée lorsque nous fîmes halte dans la gare d'une autre ville du Sudetenland sise sur une colline. Nous ne savions pas que le gouvernement allemand du grand amiral Dönitz s'était rendu aux Alliés le 6 mai ; sur le territoire du protectorat de Bohême-Moravie, l'armée du général Schuermer poursuivit encore quatre jours la lutte, fuyant les Russes pour essayer de rejoindre les Américains et combattant quiconque se trouvait sur son chemin. Ce fut la cause du soulèvement de Prague, une rébellion de dernière minute contre les Allemands en fuite.

Eva

Dans mon souvenir, un incident surréaliste se détache qui semble tiré d'un film de Fellini. Par un après-midi de janvier, tandis que nous retournions de Wilhelmsburg à Neugraben, il s'est produit une terrible attaque aérienne. Nous sommes restés dans le train pendant que les bombes tombaient autour de nous. La petite ville où s'était arrêté notre train avait subi plusieurs frappes directes. Une fois l'attaque terminée et la voie déclarée libre, le maire est monté à bord pour demander à nos gardes que nous l'aidions, car selon toute apparence, des gens étaient toujours vivants sous les décombres dans les deux cratères laissés par les bombes. Vingt-cinq d'entre nous sont sorties pour un coup de main. Une indescriptible confusion régnait sur les lieux des bombardements. Ruth et moi avons déambulé parmi la foule un moment, sachant parfaitement que si nous étions prises, nous serions abattues sur-le-champ. Nous nous sommes faufilées dans un passage d'accès et avons emprunté un escalier en haut duquel une porte était ouverte. Nous étions là, deux sous-humaines, debout dans la cuisine normale d'un appartement normal, chose que nous n'avions pas vue depuis des années. L'appartement semblait absolument désert. Puis nous avons aperçu un vieil homme assis à la table de cuisine qui nous fixait d'un regard vide. Il ne paraissait pas nous voir ; il restait là à marmonner. Nous l'avons observé, puis nous nous sommes jetées comme des possédées sur les armoires. Il y avait des tas de pots de conserve, des confitures et des fruits ; des serviettes, du fil et des aiguilles, et du pain. Nous avons ouvert les pots, trouvé des cuillères et nous nous sommes gorgées. Nous avons dissimulé du pain dans les manches de nos manteaux et rempli nos culottes de pots de confitures. Nous avons dissimulé des serviettes sous nos vêtements et pris du savon. Nous avons saisi du fil, des aiguilles et même une paire de ciseaux. Puis nous sommes retournées en courant rejoindre les autres filles qui travaillaient. Heureusement, personne n'avait remarqué notre absence. Nous espérions seulement que nous ne serions pas fouillées à notre retour au camp.

Nous avons eu de la chance. Nous avons réussi à rapporter au camp tout ce que nous avions « organisé » dans l'après-midi, et qui nous a été bien utile pendant l'hiver. Il faisait à présent si froid la nuit que nous dormions pelotonnées ensemble dans le même châlit. La température de nos corps et nos deux couvertures nous tenaient au chaud. Durant toute cette période, Ruth et moi ne formions qu'une. Nous partagions absolument tout. Nous riions ensemble, pleurions ensemble, échangions réflexions et rêves. Peu importe ce que l'une ou l'autre réussissait à « organiser », que ce soit un bol de soupe ou une grosse miche de pain ou même des miettes, nous partagions tout. Nous divisions nos rations de pain et de margarine en deux parts, une le matin et une autre le soir, pour avoir l'impression de manger plus. Je ne peux pas me prononcer au nom de Ruth, mais en ce qui me concerne, je ne crois pas que je serais encore vivante, n'eût été d'elle. Ruth vit maintenant en Israël, où elle a du succès comme écrivain et journaliste.

Ruda

«Tout le monde dehors ! » Fouettard se tenait sur une grande estrade (pour qu'on le voie, car il était de très petite taille) et nous faisait un autre de ses laïus d'encouragement, mais sur un ton différent cette fois. Ses collègues et lui n'avaient qu'exécuté les ordres qu'on leur donnait, jamais rien fait de leur propre chef, et si nous pouvions marcher en silence, le plus calmement possible, et soutenir ceux qui ne pouvaient plus marcher ou les tirer (avec quelques-uns qui étaient morts) dans les wagonnets d'approvisionnement qu'il avait réquisitionnés, ils nous transféreraient dans un camp de la Croix-Rouge. Il pointa dans la direction d'une ville complètement illuminée — un miracle après six ans dans le noir total — qui reposait dans une vallée peu profonde sept kilomètres plus loin. C'était Terezin ! Nous étions trop abasourdis, affamés et faibles pour tout comprendre, mais poussant et tirant, nous nous mîmes en marche sur-le-champ.

Eva

Les Allemands, en particulier ceux de ma génération, affirment souvent qu'ils ignoraient ce qu'on faisait aux Juifs, qu'ils n'en avaient aucune idée. Mais ce n'est tout simplement pas vrai. Les trains à bestiaux, et plus tard les sinistres convois transportant la maind'œuvre esclave, passaient à travers l'Allemagne et suivaient des horaires précis. Non seulement les employés des chemins de fer savaient ce qui se passait, mais cela se passait sous leurs yeux. Qui plus est, lorsque nous avons traversé la ville de Hambourg dans nos habits grotesques, les ménagères allemandes crachaient sur nous et nous maudissaient : « Sales Juifs, vous détruisez la patrie bien-aimée de nos pères. C'est à cause de vous que les bombes tombent sur nous. » Nous n'étions pas cachés ; nous étions à la vue de tous. Mais personne n'a eu pitié de nous, et personne, du moins d'après ma propre expérience, n'a jamais tenté de nous aider. Alors, bien sûr que les Allemands savaient.

Ruda

Nous traversâmes la rivière Elbe. Des deux côtés du pont se tenaient des soldats curieusement vêtus qui parlaient russe ; ils faisaient partie de l'armée ukrainienne du général Vlasov, qui avait jusque-là combattu du bord des Allemands. Ils nous laissèrent tous passer sans un mot et sans même saluer les S.S. Nous marchâmes jusqu'à un carrefour. On nous ordonna de faire halte tout près du champ de légumes où j'avais autrefois ramassé les paquets pour les lancer à Helena. Les S.S. se mirent en formation, mitraillettes à la main, et nous crûmes arrivée notre heure de vérité. Mais ils firent demi-tour et s'en allèrent au pas. Nous attendant à ce que les S.S. ouvrent le feu, nous nous jetâmes promptement au sol, nous efforçant pour la plupart de rouler dans les fossés au bord de la route.

En l'espace d'à peu près quinze minutes, pendant lesquelles nous restâmes parfaitement immobiles et silencieux, deux choses se produisirent. Un grand tapage de coups de feu nous parvint du pont où s'affrontaient S.S. et Ukainiens et presque même temps, deux autobus portant l'inscription « Croix-Rouge internationale » apparurent à l'intersection. Les gens qui les conduisaient nous expliquèrent en allemand qu'ils venaient chercher tous les malades (et les morts) pour les emmener dans un camp de quarantaine ; tous ceux capables de marcher devaient se mettre en route pour faire à pied les deux kilomètres nous séparant de Terezin.

Eva

Au milieu de janvier 1945, un jour où je revenais à la maison morte de fatigue, une fille nommée Irène — que je connaissais à peine, mais qui dormait dans la même chambre que moi — m'a remis un bout de papier plié ainsi qu'une feuille blanche et un crayon. Elle m'a dit : « Ouvre-le, c'est une lettre. Si tu la tiens pour authentique et que c'est bien l'écriture de Ruda, ne te gêne pas pour lui répondre. Mais ne pose pas de questions. » Je l'ai ouvert. Il n'y avait aucun doute — c'était bien l'écriture de Ruda. Datée de décembre 1944, la lettre était fort simple. Il me disait qu'il allait très bien et qu'il travaillait en Allemagne, quelque part près de Dresde. Pouvais-je lui répondre, n'importe quoi, simplement pour lui faire savoir que j'étais encore vivante ? Irène a ajouté : « Si tu as une adresse dans le Protectorat, peut-être l'endroit où vous avez prévu vous retrouver après la guerre, utilise-la s'il te plaît. Ne crains rien, a-t-elle continué. Ta lettre ne

sera probablement pas livrée à son camp, qui doit déjà
être évacué à l'heure qu'il est. De plus, tu voudras
sûrement qu'il ait de tes nouvelles s'il rentre un jour
au pays.» Je n'ai pas dormi de la nuit. Bien sûr, nous
avions une adresse de référence à Prague, mais j'avais
une peur panique de mettre en danger nos amis — en
fait mes parents éloignés — en utilisant leur adresse.
Et si la lettre tombait entre de mauvaises mains ? Que
leur arriverait-il ? Mais j'ai fini par prendre un risque ;
il n'y avait pas d'autre moyen. J'ai donc composé une
lettre simple avec l'adresse de Prague.

Ruda

Nous nous traînâmes finalement jusqu'au quartier
général des gendarmes tchèques. Devant le Casino
(voisin de la maison de déportation où j'avais auparavant habité), la même barrière fermait toujours la
route ; le gendarme qui la gardait nous ordonna de
nous asseoir. J'observai le Casino dans la lumière
diffuse. Il y flottait deux drapeaux : l'un était blanc
avec une croix rouge et l'autre à côté — je crus rêver
— était rouge et blanc avec un triangle bleu. Il s'agissait
du drapeau prohibé de l'ancienne Tchécoslovaquie.
Puis je remarquai que le gendarme portait le même
drapeau en insigne sur son casque. Je poussai George
du coude ; nous nous levâmes, et allâmes nous enqué-
rir auprès du gendarme de ce que cela signifiait. Il
nous fixa et nous demanda comment il se faisait
que nous parlions tchèque. Nous lui répondîmes

que nous parlions presque tous tchèque, que nous venions de Terezin et que nous étions enfin de retour, mais que nous n'étions plus que cent quatre-vingt-quinze – sur les mille cinq cents du groupe d'Auschwitz transféré à Schwarzheide, plus les cent vingt qui s'étaient joints au groupe après l'évacuation des autres camps de travail dans l'Est. La mort avait fait des ravages parmi nous.

Il se précipita dans le bâtiment et revint quelques minutes plus tard accompagné d'un officier. Les lieux furent soudain inondés de la lumière des projecteurs et l'officier monta sur la barrière pour nous dire en tchèque : « Mes frères, vous me voyez profondément honoré de saluer votre retour en tant que citoyens libres de Tchécoslovaquie. »

Eva

Au début de février, nous avons encore déménagé dans une autre banlieue de Hambourg nommée Tiefstadt. Notre camp se situait cette fois au milieu d'une grande usine de munitions. Nous avions toujours pour tâche de déblayer les décombres et de nettoyer les briques, mais notre situation se détériorait de jour en jour. Nos gardes militaires avaient été envoyés au front et nos gardiens étaient maintenant des hommes âgés en uniforme, qui étaient d'anciens chefs de service des douanes du port de Hambourg recrutés pour le service actif. Dans une certaine limite, ils avaient pitié de nous. Mais ils ne se sentaient vraiment pas concernés.

Notre camp n'a été directement frappé par une bombe qu'une seule fois, et elle ne nous était pas destinée, mais visait l'usine de munitions. Il n'empêche qu'elle a causé des dommages. La bombe est tombée le jour au moment où la plupart étaient au travail : elle tua sept filles qui s'étaient fait porter malades et étaient restées au camp. Lorsque nous sommes rentrées le soir, le camp brûlait. L'une des filles était encore vivante, mais elle avait les jambes coupées aux genoux. Ce n'est qu'à ce moment-là que nous est apparue notre incroyable naïveté : nous nous imaginions en quelque sorte immunisées et pensions que les bombes ne nous atteindraient jamais.

Nous nous sommes rendu compte que la guerre tournait mal pour les Allemands quand le maire de Hambourg a décidé de nous utiliser — ainsi que tous les ouvriers esclaves et prisonniers de guerre — pour creuser des tranchées autour de ce qui restait de la ville, en défense contre les armées envahissantes. Nous restions là, dans la vaste plaine qui entourait Hambourg, appuyés sur nos pelles, sans travailler le moindrement, riant à l'idée que nous étions censés être les Sauveurs du puissant Reich. Nous faisions de l'humour noir, tout en sachant que notre sort était encore incertain.

À la fin de février, les attaques aériennes se déployaient sans interruption. Hambourg n'était plus qu'un grand champ de gravats où s'alignaient les cratères de bombes. Nous n'avions à présent vraiment plus rien à manger et étions complètement coupés du monde extérieur. Personne ne nous avait informés des progrès de la guerre et nous ne savions même pas où se trouvait le front.

Ruda

Nous étions vivants et nous étions libres. Mes premières pensées furent pour Eva : s'en était-elle sortie, elle aussi ? Notre petit groupe se mit en mouvement, mais seulement la moitié d'entre nous étaient capables de marcher ; il fallut soutenir les autres ou les tirer dans des wagonnets jusqu'aux anciennes baraques militaires, à présent affectées à l'accueil des détenus libérés.

Je marchais tranquillement avec George et nous passâmes l'une des maisons converties pour recevoir des centaines de personnes. Il me dit que c'est dans cette maison que vivait sa mère – il était le fils unique d'une veuve, couturière connue à Prague – au moment où nous quittâmes Terezin. Cherchant à nous renseigner sur ce qui lui était arrivé, nous avons traversé le vestibule à l'ancienne pour entrer dans une petite pièce, qui avait probablement déjà servi à l'entreposage. Installée à une table mal éclairée, une frêle petite dame grisonnante y cousait. C'était la mère de George. Elle était demeurée tout ce temps à Terezin. Plusieurs années s'étaient écoulées, toutefois lorsqu'elle vit son fils, elle s'exclama : « George ! Est-ce vraiment toi ? Mais comme tu es sale, mon petit ! Va vite te laver le visage. » Puis elle étreignit George et se mit à pleurer, se rendant compte de toute l'incongruité de sa réaction initiale.

Nous subîmes un rapide examen médical qui attesta que nous n'avions pas de poux, ce qui était important, car ils étaient porteurs du typhus. Nous nous lavâmes à fond, puis nous reçûmes des vêtements civils, et même un chapeau et un parapluie (je conservai en souvenir mes chaussures, mon étoile de David et ma casquette, qui sont du reste toujours en ma possession). Ensuite on nous donna un grand bol de riz et de viande avec du lait en poudre reconstitué. Je mangeai tellement que je ne pouvais plus m'allonger ni sur le ventre, ni sur le dos, ni sur le côté, mais seulement en prenant appui sur les coudes et les genoux. Nous nous sommes étendus sur des paillasses fraîches avec des draps et des oreillers blancs, des couvertures propres et chaudes, et nous nous sommes endormis. Le lendemain matin, très tôt, George et moi nous réveillâmes encore affamés et les infirmiers nous envoyèrent à la cuisine. Le personnel bénévole nous informa que Prague était déjà libérée et que le bruit que nous entendions provenait des chars d'assaut russes avançant vers la ville. Ils nous apprirent que le premier autobus pour Prague partait une heure plus tard. Nous courûmes pour attraper l'autobus, sur lequel était inscrit : « Prague, les martyrs de Terezin te saluent. » Munis de papiers d'indentification provisoires, nous partîmes vers six heures, sortant de Terezin en nous faufilant entre les chars d'assaut russes et les prisonniers allemands que les Russes emmenaient dans la direction opposée.

Nous arrivâmes vers huit heures sur la grand-place de Melnik, un centre de vignobles tchèques. Des centaines de personnes étaient là pour nous recevoir ; nous fûmes accueillis avec du pain et du sel selon la tradition slave, et l'on nous adressa un discours de bienvenue. On nous offrit de la nourriture et des cigarettes, puis la foule nous acclama d'une seule voix – probablement pour la première et la dernière fois dans l'histoire – : « Longue vie aux Juifs ! Bravo ! » Nous avons fini par entrer dans Prague et à onze heures, l'autobus s'arrêta devant le célèbre pont Charles. Le conducteur nous indiqua où trouver des papiers supplémentaires et des cartes de rationnement. Par ailleurs, ceux qui habitaient tout près pouvaient rentrer chez eux.

Nous étions le 9 mai. Quel incroyable changement venions-nous de vivre en peu de temps ! Dans l'après-midi, je me rendis à l'adresse où Eva et moi avions convenu de nous retrouver. Je fus accueilli par des larmes de joie et l'on me remit une lettre d'Eva. C'était sa réponse à l'une des trois lettres que j'avais écrites en janvier. Elle venait de Hambourg.

Eva

Par un matin froid et pluvieux vers la fin de février 1945, nous nous sommes rangées cinq de large pour l'appel. Nous avons été comptées et recomptées, puis nous sommes encore une fois montées dans le train à bestiaux — cent cinquante filles par wagon. Le voyage était interminable. Le train avançait un peu, puis faisait marche arrière et avançait encore un peu. Nous avions perdu toute notion du temps et de la réalité. Il n'y avait pas de nourriture, pas d'eau, pas de seaux hygiéniques, seulement une obscurité complète et nos amies qui s'évanouissaient et mouraient autour de nous. Ruth et moi nous accrochions l'une à l'autre et c'est par pure détermination que nous sommes passées au travers.

Le train s'est enfin arrêté, les portes cadenassées se sont ouvertes et le soleil a envahi le wagon. Du bon soleil chaud. La scène qui nous est apparue dans cette voiture défie toute description tant elle semblait irréelle. C'est à cela que doit ressembler l'enfer. On ordonna à toutes celles qui étaient encore vivantes de sortir. D'abord aveuglées par la lumière du jour, nous sommes sorties en file lentement — nos gardes, les vieux chefs de service des douanes, étaient fatigués eux aussi.

Affamées et à moitié mortes, nous avons pris nos incontournables rangs par cinq. Ensuite nous avons traversé en clopinant une pinède odorante qui nous a paru sans fin. Nous savions que nous étions dans les landes, rien qu'à la bruyère qui couvrait le sol, car elle ne pousse nulle part ailleurs. De toute manière, nous n'y prêtions pas vraiment attention, nous ne faisions qu'avancer vers notre ultime enfer : Bergen-Belsen.

Je me rendis au quartier général du tout récent comité de rapatriement tchèque, qui s'efforçait de rassembler de l'information et des listes de détenus libérés. Mais je n'y trouvai aucune nouvelle de la ville ou de la région de Hambourg. Ensuite j'allai voir mon ancienne maison, que je savais occupée par une famille tchèque. Je n'essayai même pas d'entrer. Je dormis chez George et le lendemain, je me rendis au récent comité d'attribution des maisons et appartements confisqués aux Allemands. En tant que prisonnier politique libéré, j'eus droit à un traitement préférentiel et à un choix appréciable de logements. Fidèle aux rêves d'avenir qu'Eva et moi avions formés à Terezin, je choisis un petit studio moderne pourvu d'une cuisine intégrée moderne, dans un édifice moderne avec ascenseur. (Allez savoir pourquoi nous n'avons pas rêvé d'une maison avec trois chambres!) Il avait appartenu à une femme nazie de rang élevé qui était typiquement partie au dernier moment en Allemagne, laissant tout derrière elle. Je le reçus clés en main comme indemnité de base, avec les compliments du comité de logement. Il était situé à un coin de rue de la maison originelle de George.

Eva

Dissimulé dans les bois de la Lüneburger Heide *(lande de Lunebourg), qui s'étend entre Hambourg, Brême,*

Zell et Hanovre, le camp hébergeait, au début de mars 1945, soixante mille détenus à moitié morts. Une immense tente de cirque — faisant vingt-sept mètres de large, soixante-treize de long et neuf de haut — était dressée au milieu du camp. Dans cette tente, s'empilaient, soigneusement entrecroisés, des cadavres en attente d'un bûcher funéraire. Ce n'était pas un camp d'extermination, personne n'était gazé à Bergen-Belsen, les morts n'étaient tout simplement pas enterrés. Les cadavres s'amoncelaient depuis Noël. Quand nous sommes arrivés, la tente était comble.

Il n'existait absolument aucune installation sanitaire à Bergen-Belsen. Les gens se soulageaient sur place et mouraient sur place ; et on les laissait pourrir à l'endroit où ils s'écroulaient. Et il s'en écroulait beaucoup. Dans les baraques, nous étions installés à même le plancher en béton, entassés les uns par-dessus les autres. Il n'y avait pas de place pour s'allonger ni même s'asseoir. Nous nous accroupissions les uns contre les autres. Il n'y avait pas d'eau ni de nourriture. Tous les deux ou trois jours, il était possible de manger un petit peu de bouillie d'avoine très claire, lorsqu'on avait l'énergie de se battre pour en avoir ; et pour survivre, il fallait se battre. Il fallait aussi se battre pour quelques gouttes d'eau ; se précipiter dès que les robinets étaient ouverts, environ une demi-heure tous les deux ou trois jours. Et les cadavres ! Mon Dieu ! lorsque je ferme les yeux en pensant à Belsen, je ne vois que des cadavres partout. Nous devions les enjamber et après un moment, nous cessions de les remarquer. Nous ne prêtions plus attention aux morts. Seules Ruth et moi semblions réelles parmi ce cauchemar. Nous étions vivantes, comme l'étaient aussi les poux qui grouillaient sur nous et partout. Bien qu'il nous ait fait peur, nous écoutions le grondement des bombardements et des coups de feu. Il nous semblait qu'il se rapprochait, mais cela nous laissait indifférentes.

Le dimanche 15 avril 1945, vers quinze heures, nous étions assises dans les baraques, accotées les unes contre les autres comme d'habitude, insensibles à tout. Il faisait très chaud. La porte de la baraque s'est ouverte et une S.S. est entrée en criant qu'elle avait besoin de quelques femmes solides pour transporter des meubles jusqu'à la barrière. Je serais bien restée où je me trouvais, mais Ruth m'a dit : « Allons-y. Qu'avons-nous à perdre ? Il a l'air de faire bon dehors. Il fait chaud. Je le sens maintenant que la porte est ouverte. » Nous y sommes donc allées. Chacune a transporté une chaise à grand-peine — pendant qu'une S.S. à l'avant nous injuriait et qu'une autre criait à l'arrière — tout le long de l'allée centrale du camp, Lagerstrasse, jusqu'à l'entrée principale. Comme nous approchions de la barrière, un véhicule militaire est apparu. Il était marqué d'une étoile blanche à cinq branches. J'ai soufflé à Ruth : « Qu'est-ce que c'est ? Que ne vont-ils pas encore inventer ? »

Et alors une voix tonitruante avec un fort accent anglais a surgi d'un haut-parleur, annonçant en allemand et en polonais : « Achtung ! Achtung ! Uwaga ! Uwaga ! Vous venez d'être libérés par la deuxième armée britannique, sous le général H.G. Hughes.» La voix a continué en allemand : «À cause de la présence de dangereuses maladies infectieuses, nous vous prions de ne pas quitter le camp. Nous allons nous occuper de vous.» L'annonce a été répétée plusieurs fois. Nous avons lâché les chaises. Les femmes S.S. se sont mises à courir. Ruth et moi, nous nous regardions, muettes pour une fois. Nous nous en étions sorties ; nous étions parvenues à nous en sortir ! Quoi qu'il puisse maintenant arriver, nous avions survécu[12].

12 Par hasard, Danny, notre fils aîné, est né au Canada, à Montréal, le 15 avril 1950, à huit heures trente, c'est-à-dire quatorze heures trente en Allemagne.

Ruda

Mon beau-père reparut sur la scène dans les jours qui suivirent et me trouva grâce à la même adresse de référence. Il avait résidé à Auschwitz et travaillé dans l'un des camps annexes, mais au début de l'année, il avait été confiné dans son bloc, ayant développé de la gangrène à un pied. Les Allemands entreprirent de liquider tous ceux qui ne pouvaient pas prendre la route pour la marche de la mort. Ils étaient rendus au bloc à côté de celui de mon beau-père, mais alors ils durent fuir, car les Russes étaient très proches. Mon beau-père fut libéré le 19 janvier et retourna à Prague par le train officiel qui ramenait le gouvernement tchécoslovaque en exil. Je lui trouvai, tout près du mien, un appartement très semblable et il y resta jusqu'à son départ avec nous pour le Canada, redoutant tout ce qui était officiel, surtout les gens en uniforme.

J'avais de l'hésitation et une certaine inquiétude à l'idée de visiter les anciens amis tchèques de mes parents, car beaucoup d'entre eux avaient très mal agi pendant la guerre, soit en nous ostracisant, ce que je pouvais comprendre, ou en essayant de s'emparer de nos biens qui s'amenuisaient rapidement. Je ne fis aucun effort véritable pour récupérer les vêtements, toiles, tapis, vaisselle ou bijoux que mes parents leur avaient confiés. Toutes les fois que j'essayai, on m'assura que les articles avaient été confisqués par les Allemands ou qu'ayant peur, on s'en était débarrassé. En l'une de ces occasions, la personne qui me servait cette excuse portait un costume ayant appartenu à mon père. J'abandonnai après avoir entendu quelqu'un se lamenter : « Six millions de Juifs ont claqué, mais il fallait que le mien revienne. »

Eva

En l'espace de quelques minutes, nous étions soixante mille à converger de toutes parts vers les libérateurs. Il y avait maintenant plusieurs de ces véhicules armés dans le camp, et nous quémandions, dans toutes les langues d'Europe : « Faim, faim, soif, soif. » Les Britanniques qui nous avaient libérés et les Américains qui stationnaient vingt-quatre kilomètres plus loin supportaient difficilement nos cris et notre épouvantable faim. Ils ne s'étaient pas attendus à cela, à ces cadavres ambulants, à nos supplications pour de l'eau et de la nourriture. Ils ont ouvert les dépôts allemands de rationnement et fait du pain dans les cuisines militaires des Alliés. Le soir même, ils ont distribué à chacun une boîte de cinq cents grammes de pur lard allemand et une miche de pain frais. Près de dix mille détenus sont morts parce qu'ils n'avaient pas l'habitude d'un pareil régime.

Il faisait anormalement chaud pour un mois d'avril. Ce soir-là, Ruth et moi étions décidées à festoyer et à dormir. Nous avons repéré un mirador et avons grimpé avec nos deux boîtes de lard et nos miches sur la plate-forme en bois, deux mètres plus haut. Après nous être gorgées comme jamais auparavant — et comme nous ne l'avons plus jamais fait depuis —, nous nous sommes endormies lovées ensemble, enfin hors de danger.

Le lendemain, il faisait encore aussi chaud. Le printemps s'annonçait exceptionnel. L'armée britannique est venue avec des camions-citernes équipés de douches et on nous a avertis que des serviettes et du savon seraient distribués à tout le monde et que nous devions nous sentir bien aises de nous doucher et de nous laver. Alors, en jeunes héroïnes libérées, Ruthie et moi nous sommes dirigées vers les camions-douches. Deux soldats britanniques s'occupaient de notre camion et ils nous ont respectueusement remis à chacune une serviette et un morceau de savon. L'anglais que j'avais appris à l'école m'est revenu suffisamment pour demander : « Où peut-on se déshabiller ? » Nous étions couvertes de poux et vêtues de hardes. Ils ont compris et nous ont répondu : « Ici même. Mais ne vous inquiétez pas, nous nous détournerons. » Nous nous sommes donc dévêtues. L'eau chaude et abondante se déversait et ruisselait sur nous et le savon moussait et nous ne voulions plus que s'arrête l'eau. Nous sommes finalement sorties de la douche et alors que nous nous séchions, j'ai surpris nos deux émérites soldats britanniques à nous regarder. Ils avaient les joues inondées de larmes. Ruth et moi avons soudain compris. Nous venions de voir dans leurs yeux que nous ne ressemblions plus à des jeunes femmes mais à ces zombies inhumaines que nos tortionnaires avaient souhaité faire de nous.

Les gens continuaient de mourir malgré la nourriture, ou peut-être à cause d'elle. La tente qui contenait les milliers de cadavres, les poux, et les centaines de morts qui jonchaient le camp ont été découverts. Il aurait été bien difficile pour qui que ce soit de les manquer. Les Britanniques ont fait la seule chose sensée qu'ils pouvaient faire : ils ont amené des excavateurs, creusé des fosses communes et poussé les morts dedans. Avant de les recouvrir, ils sont allés quérir tous les maires et officiels allemands qui se trouvaient dans un rayon de soixante kilomètres pour qu'ils voient de leurs propres yeux. Ils ont envoyé tous les S.S. — hommes et femmes surpris à Belsen lors de sa libération — jeter les premières pelletées de terre sur les morts. Ils ont ensuite laissé remonter des fosses ces surhommes allemands, et les excavateurs ont commencé à recouvrir les corps en décomposition. Les civils allemands restaient muets et hautains, tandis que les énormes machines poussaient les victimes et les recouvraient de terre fraîche.

Je me rendais tous les jours au comité de rapatriement, mais malgré l'arrivée continue de nouvelles
listes de personnes, je n'avais toujours aucune
nouvelle d'Eva. Enfin, au bout de dix jours, je
rencontrai deux hommes qui étaient mandatés
pour ramener de Kiel, où il avait été libéré, un
dramaturge tchèque connu. Le gouvernement
tchèque leur avait fourni divers papiers et un camion
Chevrolet 1922. Leur itinéraire allait au-delà de
Hambourg pour rapporter une liste de survivants.
J'offris sur-le-champ mes services en tant qu'in-
terprète, et c'est donc avec mon vocabulaire de
six cents mots d'anglais, des papiers insuffisants,
une vieille ferraille et très peu d'essence que nous
partîmes en Allemagne.

Nous passâmes la ligne de démarcation à
Madgebourg où, pour un pot-de-vin, les Russes
nous permirent de faire réparer notre transmission
et nous laissèrent traverser la zone américaine.
J'y rencontrai mon premier G.I. et lui récitai
l'histoire que j'avais répétée plusieurs fois dans
ma tête : « Nous sommes les membres du comité
de rapatriement tchécoslovaque et nous nous
rendons à Hambourg et à Kiel pour ramener, etc. »
Il m'écouta et me répondit, mais je ne compris pas
un seul mot de ce qu'il disait. Heureusement, il
était d'origine polonaise et il réussit à nous diriger
vers son poste-frontière, où je me présentai à

son capitaine, qui nous regarda de la tête aux pieds, puis téléphona à son quartier général. Tout ce que je parvins à saisir fut : « voiture... Prague... drapeaux... Russes... suspect. » Nous n'étions pas au courant qu'à ce moment-là, il existait déjà des frictions entre les Américains et les Russes. Dans notre innocence, nous arborions le drapeau tchèque et tous les drapeaux alliés sur notre camion. J'examinai le capitaine, et comme il me rappelait mon oncle Heinrich, je lançai : « Suspect ? » et je lui montrai le numéro tatoué sur mon avant-bras. Le revirement fut instantané. Le gars m'étreignit, puis cria quelque chose ; d'autres soldats accoururent vers moi et nous fûmes soudain inondés de cigarettes, de toutes sortes de nourriture, de bidons d'essence, et nous obtinrent les papiers militaires américains qui nous permettraient de traverser les zones américaine et britannique (nous avions déjà des papiers russes). Je parvins à raconter un bout de mon histoire en me servant de mon peu de mots, avec les mains et en gesticulant, une prestation que je dus reprendre bien des fois au cours des jours suivants.

Tout le long de la route, nous nous arrêtions à chaque camp ou maison affichant le drapeau tchèque et où nous apercevions des civils souriants, visiblement des forçats ou survivants libérés. Nous étions chaleureusement accueillis, car nous apportions des nouvelles et des indications pour le retour au pays.

Bergen-Belsen consistait en deux camps très différents. Belsen était l'enfer ; Bergen, quelques kilomètres plus loin, était un immense et magnifique hôpital pour convalescents constitué de pavillons blancs de deux étages disposés en groupes de huit autour d'une grand-place. En deux jours tout au plus, le corps médical britannique avait constaté qu'il y avait à Belsen une telle infestation de poux porteurs du typhus et que la typhoïde et la dysenterie sévissaient à ce point qu'il leur faudrait prendre des mesures drastiques s'ils voulaient sauver des vies. Ils ont vidé Bergen — je n'ai jamais su où ni comment ils ont transféré les détenus et honnêtement, je m'en fichais — et nous ont annoncé que nous allions tous être transportés dans les installations qui étaient maintenant libres. Ceux qui étaient très malades seraient placés, quelle que soit leur nationalité, dans l'hôpital proprement dit et les autres se verraient attribuer des baraques en fonction de leur nationalité pour faciliter leur rapatriement. Belsen serait donc très rapidement évacué, puis brûlé parce qu'il ne se trouvait pas d'autre moyen de se débarrasser des poux porteurs du typhus.

Ruth et moi occupions toujours notre plateforme de bois en dessous du mirador abandonné. Nous dormions presque tout le temps, ne nous levant que trois fois par jour pour aller chercher nos rations de l'armée britannique. Même la nuit, la température était toujours très chaude. Puis on a annoncé que tous les citoyens de l'ancienne République tchèque devaient se rassembler un certain matin à un endroit déterminé. Là, des camions les emmèneraient d'abord à des postes de désinfection, puis à Bergen. La nuit précédant le départ, je ne me sentais pas bien. J'avais chaud et j'avais des frissons. Je me tournais et retournais et j'ai dû me traîner en bas de la plateforme plusieurs fois. J'étais si malade que je pensais en mourir. Le lendemain matin, lorsque le camion est arrivé, je pouvais à peine parler et encore moins me hisser à bord. Ruth a essayé de m'aider à monter en me poussant, mais il ne nous était pas permis de monter avant qu'un groupe d'officiers, vraisemblablement des médecins de l'armée, nous aient examinés et autorisés à partir. Dans notre groupe, tout le monde, sauf moi, est monté. Le médecin britannique m'a jeté un simple coup d'œil et a déclaré : « Hôpital. » Tous les autres grimpaient à bord et je criais. « Ne vous inquiétez pas, m'a-t-il rassurée dans un allemand rudimentaire, je ne vous abandonnerai pas ici. Soyez patiente, une ambulance viendra vous chercher sous peu. » Il a inscrit quelque chose sur mon front, puis les camions sont partis, me laissant là toute seule, allongée sur le sol.

Il y avait un silence absolu. Il était si profond que je l'entendais. Je l'entends toujours, des dizaines d'années plus tard. Un silence absolu qui enveloppait tout. Rien ne bougeait et il n'y avait personne aux alentours. J'étais toute seule. Je me suis relevée et au même moment, j'ai vu, dans la fenêtre d'une baraque déserte, non pas une personne, non pas un être humain, *mais une créature. Je savais bien que ce ne pouvait être que moi, mais dans le soleil éclatant, je n'arrivais à distinguer que le reflet de deux grandes lettres noires me barrant le front : TY. Je comprenais que cela signifiait « typhus ». Une pensée m'a traversé l'esprit : « J'ai lutté toutes ces années pour mourir ici toute seule. » Puis je me suis évanouie.*

Ruda

Nous n'étions pas les premiers à venir de Prague, aussi notre arrivée dans la ville de Halle fut-elle accueillie sans façon. Après avoir étudié la carte, je proposai que nous poursuivions notre route jusqu'au camp de Belsen trente kilomètres plus loin, où survivaient peut-être quelques-uns des trois cents détenus qu'on y avait envoyés au printemps. J'allais bientôt apprendre qu'ils étaient tous morts. Le plus long temps qu'il était possible de rester en vie à Belsen était environ six semaines. Il ne s'y trouvait pas de chambres à gaz, mais on y laissait mourir de faim les détenus. L'ordinaire quotidien consistait en une bouillie de gruau avec de l'eau, ce qui équivaut à quatre cents calories par jour. Comme le camp était surpeuplé et qu'aucun travail ne s'y faisait, il était ravagé par des épidémies mortelles de typhus – qui sévissaient toujours au moment où le camp fut libéré par les Britanniques. Les Alliés y découvrirent environ cinquante mille squelettes vivants et plus de soixante mille cadavres empilés dans une grande tente de cirque ou éparpillés parmi les installations du camp. Ils creusèrent des tranchées et rassemblèrent civils et officiels allemands des villes et villages environnants, pour qu'ils voient les morts et les enterrent. Les survivants furent emmenés à un ancien lazaret S.S. nommé Bergen, situé à peu de distance du camp de Belsen qui fut brûlé pour des raisons sanitaires. Les survivants furent hébergés dans des baraques de deux étages – chacune arborant son drapeau national – qui formaient une petite place.

Éva

Après avoir repris conscience, je suis restée plusieurs minutes à me demander si j'étais vivante, si j'hallucinais ou si j'étais au paradis. J'étais allongée dans des draps propres et immaculés sous des couvertures chaudes. À côté de moi se trouvait un grand poêle en fonte et, près du poêle, un soldat — britannique, je crois — jetait des bûches dans le feu. J'ai fermé les yeux, puis je les ai rouverts. J'étais toujours dans le même lit, il n'y avait personne pour me houspiller, et le soldat m'a regardée en souriant. Il m'a demandé si j'avais besoin de quelque chose. Mon anglais m'est revenu et je lui ai exprimé : « Soif ! soif ! de l'eau ! »

« Non, non, a-t-il dit, vous devez attendre la visite du médecin. Vous êtes très malade. »

Ce dont je me souviens ensuite, c'est qu'il faisait très noir ; c'était peut-être la nuit du même jour ou des jours plus tard — je n'en sais rien. J'avais tellement soif.

Je savais qu'il fallait que je boive avant peu si je ne voulais pas mourir. Puis j'ai entendu le bruit à peine perceptible d'un robinet qui gouttait. J'ai réussi à sortir de mon lit et je me suis littéralement traînée à quatre pattes le long du corridor, me dirigeant au son vers l'eau qui dégouttait. Lorsque j'ai atteint le robinet, j'ai bu goulûment ; on m'a retrouvée là, sur le sol froid.

J'avais le typhus, avec de grandes taches rouges partout sur le ventre. Mon état était très critique. Les médecins britanniques et les infirmières m'ont confié plus tard qu'ils pensaient que je ne passerais pas au travers. Ma volonté de vivre a été plus forte que leurs prévisions. Je n'avais tout de même pas défendu ma vie durant presque six ans pour abandonner maintenant que j'étais libre. Le traitement comprenait de l'aspirine pour faire baisser la fièvre et, après un moment, cinq tasses de lait en poudre reconstitué par jour, que m'apportait un soldat hongrois. Les Hongrois étaient à présent pour ainsi dire prisonniers des Alliés parce qu'ils s'étaient battus du côté des Allemands.

L'infirmière-chef anglaise de notre hôpital était Elizabeth Hart. Elle était très bonne pour moi et ravie de m'avoir trouvée, car elle avait besoin d'aide pour communiquer avec son « personnel infirmier ». Nos infirmières étaient d'anciennes ouvrières polonaises, hongroises et yougoslaves auxquelles les Britanniques avaient demandé leur assistance pour prendre soin de nous jusqu'à l'arrivée des secours d'Angleterre ou des États-Unis. Quand j'ai commencé à me sentir un peu mieux, et qu'elle a découvert que non seulement je parlais anglais et quelques-unes de ces étranges langues, mais que je savais lire et écrire, Elizabeth rédigea en anglais un ensemble de règles simples qu'elle me demanda de traduire, même partiellement, dans toutes les langues que je connaissais. Je me souviendrai toujours de la première règle : « Assurez-vous de vider en tout temps les bassins hygiéniques. »

Elle m'a fait transférer dans une petite salle, une chambre dans laquelle il n'y avait que trois filles de Pologne plus vieilles que moi. Mon lit était situé sous une grande fenêtre par où entrait le soleil. Je dormais presque tout le temps et lorsque j'étais éveillée, je me faisais du souci pour Ruth et Ruda... surtout pour Ruda. Je savais que Ruth était en vie, mais qu'en était-il pour lui ? Le reverrais-je jamais ? Elizabeth y a mis du sien. Elle a retracé Ruth qui était en effet saine et sauve dans les baraques tchèques, mais ne pouvait pas venir me voir parce que j'étais en quarantaine complète. Pour sa part, Elizabeth n'a rien trouvé au sujet de Ruda. Après tout, la guerre était toujours en cours et, malgré sa lettre de janvier, je n'avais pas la moindre idée de l'endroit où il pouvait être. Quand même, je n'arrêtais pas de me demander comment cela se passerait lorsque nous finirions par nous retrouver. Et comment allions-nous refaire notre vie ?

Ruda

Nous atteignîmes ce que je croyais être Bergen. L'endroit était entouré de barbelés et placardé d'écriteaux multilingues avertissant les gens de ne pas s'approcher, car le camp était en quarantaine sanitaire. Nous aperçûmes des places entourées d'édifices à deux étages qui exhibaient divers drapeaux, dont le drapeau tchécoslovaque ; mais en dépit de nos papiers et de nos supplications, les Britanniques nous refusèrent l'accès. Rôdant alentour du camp, nous rencontrâmes un officier suisse en uniforme — de la Croix-Rouge, vraisemblablement — qui était un peu éméché ; il prit le volant et nous conduisit à l'intérieur. Nous nous arrêtâmes sur une place, devant un bâtiment qui affichait un emblème portant l'inscription « Officier de liaison » en anglais et en tchèque. Au moment où je sautais du camion, j'aperçus au deuxième étage une fille qui avait été au camp familial d'Auschwitz avec nous. Le sang me monta à la tête, car Eva devait certainement faire partie de son groupe. Je me précipitai dans le bureau et expliquai ce que je cherchais au major tchèque qui était là. Il me montra les listes de détenus libérés, des survivants. Je reconnus des dizaines de noms, tous des noms de femmes, mais celui d'Eva ne figurait pas parmi eux. Mon cœur s'arrêta un instant de battre, puis je sortis tranquillement.

Eva

Le petit soldat hongrois est entré un matin dans notre chambre avec l'habituel bidon de lait qu'il a posé fermement par terre avant de déclarer : « Krieg aus, Deutschland kaput, ich nach Hause gehen », ce qui se traduit par « La guerre est terminée, l'Allemagne est finie, et je retourne chez moi. » C'est devenu pour moi la formule classique annonçant la fin de la guerre.

Nous nous sommes étreints les uns les autres, nous nous sommes embrassés, nous avons ri et pleuré. Lorsque Elizabeth est venue partager notre joie, elle a affirmé que nous étions toutes les quatre assez bien pour fêter convenablement — hors du lit. C'était facile à dire, mais avec l'aide de quelques autres, elle est parvenue à nous faire lever. Gardant nos chemises d'hôpital, nous nous sommes enveloppées dans des couvertures et avons descendu lentement les escaliers jusqu'à la jeep qui nous attendait. Notre premier tour en jeep a été merveilleux. Il faisait un temps magnifique. Les pelouses verdoyaient autour des pavillons. Il y avait même des plates-bandes remplies de tulipes éclatantes. Nous n'en croyions pas nos yeux. Nous absorbions toute cette beauté et débordions de joie. Puis Elizabeth s'est arrêtée au dépôt de vêtements de la Croix-Rouge où de très gentilles dames — qui devaient être des bénévoles anglaises — nous ont donné nos premiers vêtements civils. J'ai reçu une culotte en rayonne bleu pâle, une robe d'été bleu pâle et des richelieus noirs. Tout m'allait — les dames avaient bien pris soin de s'en assurer. Et merveille d'entre les merveilles, tout était neuf[13]. Nous sommes retournées

---

13 En fait, j'ai conservé les trois vêtements. Ils ont fait le tour du monde avec moi et sont à présent rangés parmi nos autres souvenirs — que Ruda et moi appelons nos réminiscences des choses passées — dans une petite valise de lin qui ne nous a jamais quittés.

à notre chambre d'hôpital complètement épuisées mais extrêmement heureuses.

Le lendemain matin, j'avais faim, alors j'ai compris que le pire était passé ; le reste dépendait de moi. À partir de ce moment, on nous a servi des repas militaires britanniques et, bien sûr, le thé dans l'après-midi — du vrai thé avec du lait — et aussi des biscuits salés américains enduits d'ersatz de miel allemand. Enfant, je n'ai jamais aimé le miel, mais à cette époque à Bergen, je le trouvais si délicieux que j'avais décidé qu'à la reprise de ma vie, je me servirais tous les après-midi du thé avec des petits gâteaux secs et du vrai miel. Évidemment, je n'aime toujours pas le miel et en mange rarement, mais j'adore boire une tasse de thé dans l'après-midi, tout particulièrement lorsque je suis en Angleterre. Peut-être parce que cela me rappelle Elizabeth, qui est morte en 1946 au Danemark pendant une épidémie de polio.

Je prenais des forces de jour en jour, et j'ai enfin pu communiquer avec Ruth, d'abord par écrit, ensuite par une ouverture que j'ai découverte dans la clôture qui séparait l'hôpital du reste du camp. Je rampais sous la clôture et voilà, nous étions ensemble, saines et sauves, et libres... Nous souhaitions seulement retourner à Prague aussi vite que possible pour savoir s'il y avait des survivants dans nos familles, et surtout, bien sûr, ce qui était advenu de nos maris, Ruda et John. Pour autant que nous sachions, ils avaient été ensemble dans le dernier camp. Nous nous sommes promenées à travers Bergen (bien que je m'y trouvais pour ainsi dire illégalement, parce que j'étais toujours en quarantaine)

jusqu'à ce qu'un groupe de jeunes hommes nous inter-
pellent. Ils parlaient un anglais rudimentaire, mais
portaient un uniforme britannique et un insigne sur
l'épaule indiquant : Canada. Je leur ai donc parlé
français et ils en ont été ravis, et ils nous ont invitées
toutes les deux à voir un film dans leur camp le soir
suivant. Nous avons pris rendez-vous avec eux sans hési-
ter, et j'avoue que nous étions très contentes de constater
que nous retrouvions notre aplomb. Je suis retournée en
courant, je me suis glissée dans l'ouverture de la clôture
et j'étais dans mon lit juste à temps pour le dîner.

Ruda

Je fus assailli soudain par des dizaines de femmes qui m'embrassaient, m'étreignaient et s'enquéraient de leurs fils, leurs frères, leur mari ou leur père. M'efforçant de répondre, je proposai que nous nous assissions quelque part afin que je puisse mieux me rappeler. Installé dans une des chambres, je fus interrogé par de nombreuses filles et mères que je connaissais. Mes nouvelles étaient bonnes en géné-ral ; si elles étaient mauvaises, je faisais semblant de ne pas me souvenir. Au bout d'une demi-heure, quelqu'un s'exclama : « Mon Dieu ! Avez-vous vu Eva ? » Je parvins à répondre qu'elle n'apparaissait pas sur la liste des survivants. Puis les filles me dirent que son nom n'était pas sur la liste parce qu'elle se trouvait à l'hôpital, où elle avait été soi-gnée pour le typhus, mais qu'elle était vivante.

Je me suis aussitôt endormie, mais c'était encore le crépuscule lorsque quelqu'un m'a secouée. C'était Ruth, qui jusque-là ne m'avait jamais rendu visite à l'hôpital. « Réveille-toi ! » m'a-t-elle murmuré.

« Qu'est-ce que c'est ? » ai-je répondu tout endormie.

« Il y a un enregistrement pour le premier convoi de retour à Prague et je veux que nous en soyions, alors habille-toi vite et viens. »

J'ai revêtu mes nouveaux atours et Ruth a sorti un peigne édenté de sa poche ainsi qu'un fin ruban argent, comme ceux qu'on attache aux bouteilles de champagne. « Peigne-toi et noue le ruban dans tes cheveux, m'a-t-elle dit, comme ça tu seras présentable. » Cet après-midi-là nous avions été pesées et je faisais trente-sept kilos.

« Qui s'en soucie, de toute façon ? » lui ai-je lancé, agacée. Mais elle ne s'est pas donné la peine de me répondre et a tout bonnement noué elle-même le ruban dans ce qui me restait de cheveux. Nous sommes prudemment sorties de l'hôpital, nous avons couru jusqu'à la clôture, rampé en dessous et Ruth s'est remise à courir. « Je ne peux pas courir, ai-je haleté, je ne peux vraiment pas. »

« Il le faut, fais un effort. » Et elle a poursuivi, avec beaucoup de sérieux : « Promets-moi, promets-moi vraiment que tu ne seras pas hystérique. »

« Pourquoi serais-je hystérique ? ai-je demandé.

Et quand donc m'as-tu vue hystérique ? »

« Je ne sais pas, a-t-elle hésité, mais promets quand même que tu ne le seras pas cette fois. »

Je le lui ai promis, mais je commençais à trouver qu'elle n'agissait pas de façon tout à fait normale. Pendant que nous traversions le grand carré, des filles du camp de Hambourg me criaient de toutes les fenêtres : « Félicitations ! Eva ! » Peut-être me félicitent-elles d'avoir survécu au typhus, ai-je pensé.

Ruda

Tout à coup, Eva ouvrit la porte. Les yeux lui sortirent des orbites lorsqu'elle me vit. Elle était sur le point de me dire quelque chose, mais elle s'évanouit. Quand elle revint à elle, elle se mit à pleurer dans mes bras sans pouvoir s'arrêter. Puis je lui annonçai que son père était vivant lui aussi, et dans l'instant même, elle s'évanouit de nouveau. Elle était si jolie, quoiqu'un peu trop svelte, dans sa robe de coton que lui avait donnée son amie, l'infirmière anglaise. Elle avait perdu dix-huit kilos et n'en pesait plus que trente-sept.

Eva

Il y avait beaucoup de monde et au milieu de la pièce, assis sur une chaise, se trouvait Ruda. Je me suis comportée d'une manière raisonnable ; je n'ai pas été hystérique. Je me suis simplement évanouie. Lorsque j'ai repris conscience, Ruda me tenait dans ses bras, et tout le monde pleurait et riait, et nous pleurions aussi tous les deux. Puis il m'a déclaré : « Tu sais quoi ? Ton père est sauf lui aussi et il est à Prague. » Et je me suis de nouveau évanouie, faute de mots, je suppose.

Ruda

Eva et moi devînmes les vedettes de la libération tchèque de Belsen ; le maire tchèque pleura avec nous ; il nous offrit une bouteille de vin avec les clés de son appartement.

Le lendemain, j'accompagnai mes conducteurs à Hambourg et à Kiel, d'où nous revînmes finalement avec notre précieuse cargaison. Nous arrêtâmes en chemin à Bergen pour prendre Eva, Ruth et quelques filles. Le lendemain matin, nous franchîmes la frontière tchèque. Profondément émus, les survivants descendirent presque tous du camion pour baiser le sol et chanter l'hymne national.

Comme par hasard, le père d'Eva se tenait sur le pas de la porte lorsque nous arrivâmes devant notre nouveau chez-nous à Prague : « Mais pour l'amour du ciel, où étiez-vous donc passés pendant tout ce temps ? » s'exclama-t-il. Un bouquet de fleurs nous attendait sur la table et la mère de George nous servit le café avec un biscuit de Savoie maison. Mais au lieu d'une tasse de sucre, elle y avait mis par erreur une tasse de sel. Ce n'est que beaucoup plus tard que je fus en mesure d'en apprécier le symbolisme. Il fallait d'abord que nous ressentions nos pertes et les pleurions – les goûtions –, avant de pouvoir leur trouver un sens.

Eva

Nous avons passé notre première nuit ensemble dans les quartiers d'un capitaine tchèque de la brigade britannique chargé de s'occuper de tous les anciens détenus tchécoslovaques. Nous n'avons fait que pleurer et parler toute la nuit ; nous ne revenions pas de notre chance incroyable.

Environ une semaine plus tard, nous prenions en camion le chemin du retour en Tchécoslovaquie. Après avoir franchi la frontière, nous sommes tous descendus du camion pour baiser le sol et chanter l'hymne national tchèque. Le soir même, nous nous trouvions à Prague. Nous étions le 6 juin 1945. Le conducteur du camion nous a emmenés à « notre appartement », comme disait tout le temps Ruda. C'était pour moi un concept difficile à saisir ; je n'arrivais pas à imaginer que nous puissions avoir un vrai appartement à nous. De quoi parlait-il donc ? Le conducteur s'est arrêté devant un grand immeuble moderne datant de 1937. Mon père se tenait sur le seuil, très bien habillé et tel que je me souvenais de lui avant la guerre, avant 1939. Nous sommes descendus du camion et il nous a accueillis en disant : « Qu'est-ce qui vous a pris si longtemps ? » Nous avons tous éclaté de rire et je me suis jetée dans ses bras. C'est à ce moment qu'a fondu sur moi la réalité de ce qui se passait : la guerre et le cauchemar étaient enfin terminés. Nous étions vivants, nous étions saufs et nous étions ensemble.

Ruda

Aucun document de Terezin n'était encore disponible et le père d'Eva insistait pour que nous fassions preuve de civilité et régularisions notre situation ; nous obtînmes une dispense de certains documents et nous fûmes remariés à l'hôtel de ville de Prague. Nous arrivâmes en retard, mais la cérémonie fut tout de même conclue ; ce qui s'avéra par ailleurs superflu, car le certificat de notre mariage à Terezin fut retrouvé.

Le mois suivant, j'écrivis à ma tante de New York pour lui faire part du bilan des victimes de l'holocauste dans notre famille : cent vingt-trois personnes, incluant mon père. Nous ne savions pas ce qu'il était advenu de ma mère et présumions qu'elle était à présent... Je n'avais pas terminé ma phrase lorsqu'on sonna à la porte et que ma mère apparut devant moi. Elle s'était évadée pendant la marche de la mort du camp de Struthof. Les Russes l'avaient recueillie et elle était devenue une cuisinière fort appréciée dans l'un des pelotons de tête. Le commandant refusant de la laisser retourner dans son pays, elle avait dû s'enfuir de nouveau.

Hormis son père, nous ne retraçâmes que deux survivants dans la famille d'Eva : son cousin qui s'était marié avant de partir pour Londres en Angleterre au moment où Hitler entrait à Prague ; et la fille d'un autre cousin, partie elle aussi pour Londres, où elle avait été envoyée dans un transport d'enfants. Elle avait été adoptée après que la mort de ses parents eut été découverte. Elle fit une visite à Prague en novembre 1946, et nous l'emmenâmes voir Terezin, que nous avions jusque-là évité. Pour une jeune fille de dix-sept ans, c'était une expérience plutôt éprouvante. Nous nous efforçâmes de lui montrer comment nous y étions arrivés, comment certains d'entre nous s'en étaient sortis. Nous fîmes le tour des trois étages de la maison de déportation – où la chambre que j'avais construite dans les combles tenait encore debout – pour qu'elle puisse se représenter comment nous avions réussi à déjouer le système, tout au moins un certain temps. Nous souvenant subitement ensemble, Eva et moi nous sommes regardés. Je m'agenouillai près de la porte et enfonçai le bras aussi loin que je pus sous les lattes du plancher. En tremblant, je retirai doucement la bague à diamant. C'était le 22 novembre 1946.

Épilogue

Auschwitz-Birkenau, Archives du Musée national Auschwitz-Birkenau, 1943
Sur cette photographie, on peut voir le visage de Rudolph Roden
(entouré d'un cercle) ainsi que le Dr Joseph Mengele (de dos).

Eva

Mon père avait initialement échoué à la sélection d'Auschwitz-Birkenau, mais nous ignorions qu'après notre départ et avant la dissolution finale du camp familial, une autre sélection avait eu lieu et qu'il avait cette fois réussi. Lorsqu'on y songe, il y avait certainement une présence qui veillait sur lui, car il est toujours parvenu à se sortir des plus inextricables situations. N'importe quel autre aurait baissé les bras, mais il n'a jamais abandonné. Peut-être le survivant est-il doté d'un instinct exceptionnel qui, telle une invisible main, le guide vers les bonnes décisions au bon moment. Lors de la dernière sélection, il avait cinquante ans et il était déjà passé au travers d'Auschwitz-Birkenau sans compter les années de torture dans diverses prisons de Prague, ce qui aurait atteint le moral d'un homme bien plus jeune.

Il se trouvait parmi les cinq cents hommes emmenés à Blechhammer — un camp annexe d'Auschwitz appartenant à une compagnie qui produisait de l'essence synthétique, l'Oberschlesiche Hydrierwœrke. Les camps de travail autour d'Auschwitz relevaient tous d'importantes sociétés telles que Krupp ou I.G. Farben, qui établissaient leurs usines autour des camps de concentration pour parer à la pénurie de main-d'œuvre causée par la guerre. L'emploi de détenus des camps de concentration était extrêmement bon marché et très profitable à ces compagnies. Les conglomérats industriels qui faisaient travailler des ouvriers civils — recrutés de force parmi les populations des territoires occupés — devaient les loger, leur fournir des soins médicaux, et même leur payer un salaire minime. Mais les coûts de production s'avéraient beaucoup plus bas pour les compagnies qui s'installaient à proximité des grands camps de concentration tels qu'Auschwitz ou qui recrutaient des détenus pour qu'ils travaillent comme esclaves en Allemagne. Ces ouvriers ne touchaient aucun salaire, étaient chichement nourris et ne recevaient pas de soins médicaux du tout ; les sociétés payaient à l'État allemand un montant minimal par tête et tiraient le maximum de productivité de leurs employés jusqu'à ce qu'ils meurent d'épuisement. C'était de l'esclavage dans le sens le plus pur du terme.

Vers la fin de décembre 1944, mon père s'est blessé à la jambe. La plaie s'est infectée, mais il devait continuer à se traîner tous les jours au travail, s'il ne voulait pas se faire abattre par les kapos. Le 15 janvier 1945, le travail dans le camp a complètement cessé. Le bruit jusque-là lointain des bombardements s'est soudain rapproché et les gardes allemands ont paniqué et commencé à évacuer tout le monde d'Auschwitz et des alentours. Pour leur propre survie, ils ne visaient à présent que deux objectifs principaux ; premièrement, ils devaient éviter aussi longtemps que possible qu'on les envoie au front, où la demande de soldats se faisait pressante. Toutefois, même à ce stade, les prisonniers de guerre avaient ironiquement priorité et donc, aussi longtemps qu'un S.S. gardait au moins trois prisonniers, il était certain de ne pas être envoyé au combat. Le second objectif des S.S. était de tomber — le cas échéant — entre les mains des Anglais ou des Américains, plutôt qu'entre celles, impitoyables, des Russes. Les « marches de la mort » ont ainsi commencé. Fuyant devant la progression des Russes, les Allemands ont seulement pris avec eux les détenus encore capables d'avancer. Ceux qui ne pouvaient pas suivre étaient abattus et laissés sur place.

Mon père et une poignée d'hommes tout aussi malades ont refusé de partir. Mon père n'arrivait plus à se tenir debout. On leur a dit qu'ils seraient tous abattus, mais dans le branle-bas — la préparation des autres détenus et le départ de la marche avant que l'armée rouge ne les rattrape —, les Allemands les ont oubliés et laissés derrière. Les premiers soldats russes ont atteint le camp déserté deux jours plus tard. Les Russes ont fait monter dans un camion les détenus abandonnés et les ont emmenés à Katowice, la ville la plus proche. Le commandant russe de Katowice s'est occupé de la situation de façon très pragmatique. Il a remis aux hommes les clés d'un appartement auparavant occupé par une famille allemande et leur a procuré les permis nécessaires pour l'habitation de cet appartement, puis il leur a dit de se servir de tout ce qui s'y trouvait et d'y rester aussi longtemps qu'ils le souhaitaient. On leur a ensuite fourni des rations de l'armée russe : chaque jour un demi-pain, un peu de margarine et de la vodka. Non seulement l'appartement contenait des lits de plumes en nombre suffisant, mais il était assez grand pour les loger tous. Ils ont trouvé des pommes de terre, de la farine, du lard et même du pain, ainsi que du bois pour faire du feu dans le grand poêle de la cuisine. Qui plus est, il y avait dans la cour un puits qui n'était pas complètement gelé et du savon dans la maison. Les hommes ont mangé, puis se sont lavés (mon père a nettoyé sa blessure du mieux qu'il a pu). Ensuite ils se sont glissés dans les lits sous les chauds édredons de plumes et ils ont dormi d'une longue traite, n'ouvrant les yeux que pour attiser le feu.

Ils se sont nourris de rations militaires et les Russes leur ont même donné de vieux uniformes de l'armée pour qu'ils puissent brûler leurs hardes d'Auschwitz infestées de poux. Ils ont trouvé encore du bois pour le poêle et, d'après ce que racontait mon père, ils ont passé leurs journées à ne rien faire d'autre que dormir, dormir, dormir. Mais au bout de deux semaines, il a bien vu que s'il n'agissait pas rapidement, l'infection du pied risquait de se répandre dans tout le corps et qu'il pouvait en mourir. Il est allé voir le commandant russe pour obtenir des soins médicaux. Mais aucune aide de ce genre n'y était offerte. L'hôpital le plus proche, un poste infirmier, se trouvait à Cracovie, plus d'une centaine de kilomètres à l'intérieur des terres. Les Russes ont proposé de l'y emmener dès qu'il y aurait une place dans un des camions qui faisaient la navette pour le transport des soldats blessés. Ils ont tenu parole et l'ont emmené à Cracovie deux jours plus tard. Le personnel hospitalier de Cracovie a fait tout son possible. Ils ont percé l'abcès et ont nettoyé et pansé la plaie, puis ils ont gardé mon père en salle quelques jours pour qu'il se repose.

Cela dit, mon père a toujours été un homme à femmes et il n'avait manifestement pas perdu ses aptitudes en dépit des mauvais traitements qu'il avait subis à Auschwitz et dans les autres prisons. L'une des infirmières de cet hôpital, une Polonaise plutôt jeune et récemment veuve, se prit d'une grande affection pour lui. Comme il ne savait quoi faire ni où aller à sa sortie de l'hôpital, elle l'a emmené chez elle et ils ont noué une liaison mutuellement profitable. À Cracovie, le troc et le marché noir d'à peu près n'importe quoi étaient florissants. La veuve avait hérité de tous les vêtements de son défunt mari, incluant ses chaussures et ses sous-vêtements, mais elle n'avait pas osé vendre quoi que ce soit de peur de se faire escroquer par les paysans, car elle ne savait pas comment s'y prendre. Mon père s'en est donc chargé. Il se rendait tous les matins au marché où les paysans faisaient du troc et il troquait avec eux. Le premier matin, il a emporté une chemise et il a rapporté un pain à la maison. Le lendemain, il a pris une paire de chaussettes, et ensuite une paire de chaussures et bientôt ils avaient des œufs, du lait et du pain. Plus tard, quand il a été mieux connu des paysans et qu'il leur eut montré de meilleurs articles — comme un pantalon ou des caleçons longs —, c'est un poulet ou une pièce de viande salée ou parfois du poisson frais qu'il rapportait à la maison. La « veuve polonaise » — c'est ainsi que nous l'avons toujours appelée dans la famille (nous n'avons jamais su son nom ni son âge) — cuisinait, s'occupait de la maison et subvenait à tous les besoins de mon père. Elle rapportait de l'hôpital des onguents et des pansements propres pour sa jambe et elle soignait sa blessure, qui ne guérissait toujours pas.

Au milieu de mars, lorsque sont apparus les premiers signes du printemps, mon père s'est rendu compte que la « veuve polonaise » s'était trop attachée à lui et que, disons-le, cela ne faisait ni son bonheur ni son affaire. Après qu'elle eut insisté, un dimanche, pour qu'il vienne à l'église avec elle rencontrer son confesseur, il a commencé à préparer son plan d'évasion. Elle a senti d'une manière ou d'une autre qu'elle le perdait et elle a cessé de travailler afin de le suivre partout où il allait. Heureusement, l'hôpital est intervenu et elle a dû retourner au travail, car elle ne pouvait pas se permettre de perdre son emploi.

Mon père se sentait pris au piège, mais il savait bien qu'il trouverait une façon de s'en sortir. Encore une fois, sa chance l'a sauvé. Au début d'avril, il a lu dans les journaux polonais qu'un train ramenant d'exil le gouvernement tchèque — ou du moins ceux de ses membres qui avaient passé les années de guerre à Moscou — s'arrêterait quelques minutes à la gare principale de Cracovie avant de poursuivre sa route vers la Slovaquie, qui était maintenant libérée. Il s'est dit que c'était-là son seul espoir. Il s'est présenté à la gare longtemps avant l'heure où le train était attendu et lorsque celui-ci est enfin arrivé, il a tout de suite repéré les gardes et s'est adressé à eux en tchèque. Ils l'ont admis en tant que membre du parti officiel sans poser de questions et l'ont laissé monter dans le train. Les hauts fonctionnaires du gouvernement étaient gardés tous ensemble dans une voiture, mais les secrétaires, les commis, les petits fonctionnaires, les plus petits fonctionnaires et les minuscules fonctionnaires se promenaient librement dans le train. Mon père s'est simplement fondu dans la foule. Comme il l'a toujours raconté, personne n'a jamais posé de questions et le train a quitté Cracovie avec mon père à son bord, et la pauvre veuve polonaise est restée en arrière à travailler dans son hôpital. Il était une fois de plus sans le sou, avec comme seules possessions les vêtements qu'il portait.

Le lendemain matin, le train s'est arrêté à un poste-frontière polonais-slovaque et tout le monde est descendu. Les drapeaux flottaient et l'on jouait des hymnes nationaux — non seulement celui de la Tché-coslovaquie, mais ceux de la Russie, de la Pologne et de diverses nations alliées. Tandis qu'il écoutait l'orchestre dans la minuscule gare de chemin de fer, une pensée lui a traversé l'esprit : « Je connais cet endroit, j'en suis certain. En face d'ici se trouve une grande bijouterie et son propriétaire, le voleur, n'a jamais payé sa facture en 1938. J'ai peut-être le temps de m'y rendre pour percevoir l'argent. » Mon père s'est informé auprès d'un des officiels de la longueur de la cérémonie et ce dernier lui a répondu qu'elle devait durer environ une heure. Ensuite il est tranquillement sorti de la gare. La bijouterie se trouvait effectivement de l'autre côté de la rue, exactement comme il s'en rappelait, et un grand drapeau tchèque y flottait gaiement au vent. Cela lui a paru de bon augure. Il a ouvert la porte et là, à côté de la caisse enregistreuse, se tenait le propriétaire en personne, qui a tout de suite reconnu mon père et l'a accueilli comme un fils prodigue rentrant au bercail ; il bénissait tous les saints et les anges qui avaient veillé sur lui dans l'épreuve. « Monsieur S., lui dit mon père, vous me voyez très heureux de constater que vous êtes bien en vie, mais je n'ai pas beaucoup de temps, car mon train m'attend. Je crois me rappeler que vous me devez vingt-cinq mille couronnes depuis 1938 et je vous saurais vraiment gré si vous pouviez régler à l'instant votre compte. Il ne faut pas que je manque mon train gouvernemental et j'ai besoin de cet argent. » Le bijoutier était, semble-t-il, tellement sidéré par cette déclaration qu'il s'est dirigé vers le coffre-fort, a remis l'argent à mon père, l'a encore béni et l'a laissé s'en aller. Malgré sa jambe doulou-reuse, papa est retourné en courant à la gare où il est arrivé juste comme le train s'apprêtait à partir. Il a senti que dorénavant, tout se passerait bien. Il était de retour en Tchécoslovaquie, il avait de l'argent et il était *absolument convaincu que Ruda et moi avions survécu et que ce n'était qu'une question de jours avant que nous soyions réunis. Ainsi qu'il nous l'a révélé par la suite, il ne lui est jamais venu à l'esprit que l'un de nous deux pouvait ne pas être en vie. Quoi qu'il en soit, il n'a pas pu se rendre directement à Prague à cause de la guerre. On l'a fait descendre du train à la première grande ville pour l'envoyer dans un hôpital convenable, parce que sa jambe le gênait terriblement. Il a été opéré et malgré l'éventualité qu'il perde sa jambe, il l'a heureusement conservée. Cette fois-là, les infirmières étaient de gentilles religieuses, si bien qu'il n'y a pas eu d'autres complications en ce qui concerne sa vie amoureuse. Dès qu'il l'a pu, il est retourné à Prague : le 11 mai 1945.*

Ruda

Pour devenir psychanalyste, je dus d'abord faire ma propre analyse. J'avais quarante-trois ans lorsque je l'entrepris. Je découvris que s'il est facile de dire des mots et d'exposer des conditions de vie de façon claire et acceptable, le sens demeure insaisissable. Chaque fois que j'atteignais le nœud de l'affaire, quand quelque chose en moi semblait vouloir émerger, j'étais soudain envahi par le ressentiment. Mon analyste était au fond un professionnel blasé et indifférent. Jour après jour, je m'allongeais sur son divan dans l'impossible et futile poursuite du rappel de mon enfance.

Mais je comprenais ce que l'on attendait de moi et où devait conduire tout le processus intrapsychique. Je devais dire ce qui me venait à l'esprit, surmonter le besoin d'en faire une narration cohérente, et donner libre cours aux associations de ma pensée (et aux émotions s'y rattachant).

De nombreuses pensées attisaient ma colère refoulée et me rendaient quelque peu appréhensif. Je réussissais très bien à fonctionner comme professionnel médical et beaucoup me tenaient en grande estime ; j'étais capable de gérer une myriade de problèmes interpersonnels, de rapports professionnels et de relations personnelles. On m'aimait bien et j'appréciais les gens en général. Qu'espérais-je donc changer, apporter ou mieux comprendre dans ma vie ? Ce que j'avais vécu pendant la guerre, l'humiliation et les expériences extrêmes des camps de concentration, la perte de ma famille et de mes amis, la désillusion relativement à mes idéaux humanitaires d'égalité, la proximité physique de la cruauté et du meurtre — tout cela était inimaginable. La peur et, par la suite, l'habileté acquise et salvatrice à glisser dans l'oubli, l'empreinte complexe du sentiment de culpabilité du survivant — tout cela révélait un grave traumatisme qui faisait de moi un cas classiquement inanalysable.

J'étais aussi un professionnel, un médecin, qui avait finalement obtenu sa qualification après d'énormes difficultés techniques : j'avais souvent été forcé d'interrompre mes études à cause de bouleversements extérieurs, généralement politiques, de l'oppression et de problèmes personnels. Après avoir survécu à tout ce que j'avais traversé, ma vie aurait été tellement plus facile, du moins à court terme, si j'étais devenu un homme d'affaires ou si j'étais entré dans une sphère d'activité me permettant de miser sur mes expériences. Il aurait peut-être été plus facile aussi de m'installer en Israël, comme beaucoup de mes amis qui préféraient le style de vie communautaire des kibboutzim ; là-bas, conformément à leur instinct de meute, ils continuaient à vivre dans un contexte protégé, quoique difficile. Mais j'étais obsédé par l'idée de pratiquer la médecine depuis l'enfance. Et d'ailleurs, ce trait de personnalité obsessif-compulsif faisait obstacle à toute analyse.

Après m'être confortablement allongé durant un mois sur le divan du docteur S., dans une pièce agréable, avec une vue agréable sur la colline de Montréal, le mont Royal, et ses saisons changeantes, j'adoptai une approche plus acceptable : l'heure de mon analyse était un intermède bienvenu dans ma routine trépidante. Je pouvais simplement rester allongé – ce qui aurait été autrement inimaginable à cause de mon horaire chargé – et exprimer à voix haute mes problèmes, mes pensées, car je pouvais dire n'importe quoi sans crainte puisque personne ne s'en souciait ni ne semblait même écouter. Mais j'avais aussi le sentiment que mes propos ne rencontraient personne. Toutefois, la question des honoraires me dérangeait terriblement.

Je perdais sur deux fronts : d'abord, en m'absentant du travail, je ne touchais pas mes honoraires de médecin ; ensuite, je payais un montant élevé à mon analyste impassible et silencieux, qui non seulement ne montrait aucune réaction, mais me donnait souvent l'impression agonisante d'être profondément indifférent — surtout lorsqu'il émettait un commentaire incohérent ou d'importance secondaire. À l'occasion, il s'endormait (du moins je le croyais), une hypothèse que je pouvais vérifier par sa respiration régulière, ses ronflements ou ses marmonnements dans un charabia inintelligible. De temps à autre, mon gourou dormant me demandait d'expliquer ce que je venais de dire ou de continuer si j'en avais envie.

Je fus en premier lieu fortement frappé par le fait que mes expériences de guerre étaient épouvantables. Cependant, j'avais déjà seize ans lorsqu'elles débutèrent et mon comportement, en tant qu'individu, était alors bien établi et affirmé. J'accumulai ensuite les expériences et appris à tirer parti du passé comme du présent (je m'efforçais de ne pas répéter mes erreurs ou celles de mes aïeux). Puis j'arrivai finalement à une conclusion révélatrice : l'événement qui avait eu le plus d'impact sur ma vie, sur mon développement et sur mes années de formation était la mort de ma sœur Hilda, que j'ai précédemment décrite.

Mais dans l'ensemble, et malgré ma psychanalyse, je ne me souvenais que de quelques épisodes de notre enfance et de notre jeunesse. Je nous revois tirer une luge en haut d'une colline et glisser à vive allure dans la descente. Ou envoyer dans le ciel des petits messages sur papier attachés à la corde de notre cerf-volant – un engin polygonal très difficile à faire lever, mais qui, une fois dans les airs, était un véritable monstre de stabilité («cerf-volant» se dit «dragon» en tchèque). Ou ma sœur et moi rivalisant, lors de la cueillette des champignons sauvages, pour gagner un prix de notre grand-père. Bien que la différence d'âge entre nous ait été significative, Hilda et moi avions une bonne et solide relation.

Il me semble que mes parents étaient très tolérants envers moi et très peu envers Hilda. Je suis conscient de la déformation probable de ma mémoire, mais dans ce cas, je crois qu'elle est exacte. Elle entra au gymnase (lycée) à l'âge de dix ans, mais on l'en retira l'année suivante pour l'envoyer à une école d'art de vivre pour «jeunes demoiselles», située à environ 80 kilomètres de Prague, au cœur de la Bohême, sur la rivière Labe (Elbe). Elle a dû être très malheureuse et mes parents, très mécontents d'elle. Elle alla ensuite dans une école spécialisée pour devenir praticienne dentaire, une profession semblable à ce qui s'appelle aujourd'hui hygiéniste dentaire, mais encore plus exigeante. C'était une très jolie fille aux cheveux foncés, d'une certaine manière timide et réservée et qui ne comptait qu'un petit nombre d'amis proches.

J'étais en analyse depuis environ huit mois et lors d'une séance, je m'allongeai sur le divan de mon analyste, content de m'offrir une heure de repos. La disposition de son bureau était ingénieuse, à tel point que je l'ai copiée lorsque j'ai moi-même commencé ma pratique. Il possédait un appartement dont il utilisait une pièce comme salon d'attente et une autre comme bureau de secrétaire. Il y avait une salle de toilettes commune, un salon spacieux servant à la fois de cabinet et de sanctuaire des patients, et une très petite alcôve de cuisine qui n'était probablement utilisée qu'à l'occasion. En m'allongeant, je remarquai qu'un robinet gouttait dans la cuisine. J'ai toujours été irrité par le bruit de l'eau qui goutte, ainsi que nous le sommes tous, mais j'y étais tout particulièrement sensible. Je suggérai au docteur S. de fermer le robinet. Il ne bougea pas. Je lui proposai de changer moi-même la rondelle d'étanchéité ; l'économie que je lui faisais faire aurait dû lui plaire, en bon Écossais qu'il était. Pas de réponse. Je conseillai de mettre au moins un chiffon sous le robinet pour étouffer le bruit. Il ne réagissait toujours pas. Je commençai à m'énerver et déclarai qu'il testait manifestement mes nerfs – et probablement ceux des autres patients – et nous torturait comme les prisonniers au Moyen-Âge forcés d'entendre goutter l'eau qu'ils ne pouvaient pas atteindre. Mais il ne fit aucun commentaire, même après les insultes que je venais de lui lancer ; je devins enragé, je m'étranglai presque de colère.

Il est intéressant de noter que l'instant d'après, je me mis à parler des circonstances de la mort de Hilda. J'arrivai dans mon récit au moment où je venais d'être réveillé par un bruit sourd. Les couvertures de Hilda étaient en désordre. La fenêtre était grande ouverte. Les rideaux bougeaient encore. Il était cinq heures du matin, cependant nous étions en mai et le jour pointait déjà. Mais à présent ma mémoire poursuivait le récit. Je fus enveloppé quelques secondes dans un silence de mauvais augure avant que mes parents n'accourent. Le seul bruit était… Et ici, je figeai, littéralement pétrifié, saisissant pour la première fois ce qu'était la psychanalyse. Derrière moi, le docteur S. dit doucement : « Finissez votre histoire, s'il vous plaît. » Et d'une toute petite voix pleine de sanglots, je continuai : « Je n'entendais que les gouttes de pluie qui tombaient sur le bord métallique de la fenêtre. » Je me tournai vers le docteur S., ce que je n'avais jamais fait auparavant, ressentant quelque chose comme du soulagement, peut-être de la dépendance, ou un besoin d'aide. Il resta là et pleura avec moi.

Je fus incapable de parler durant dix minutes, mais beaucoup de choses s'éclaircirent pour moi. Je n'avais jamais pardonné à mes parents jusqu'à cet instant. Mon analyste d'expérience demeura calme et attendit. Il m'avait écouté durant des mois ; il comprenait le lien direct que j'avais établi avec lui, sans lui demander de façon expresse de m'approuver ou de me rejeter. Mais à ce moment crucial, ma rage – une rage exacerbée provoquée par l'eau qui gouttait – et les tout-puissants et injustes parents de mon souvenir furent transférés sur lui. Et il devint littéralement l'image parentale. En me rappelant les essentielles gouttes de pluie, j'avais revécu l'horreur émotionnelle de ma mémoire. Après trente-six ans, et après avoir traversé des horreurs qui s'étaient superposées, encore plus grandes, à l'horreur initiale, je parvins enfin à pleurer.

Eva

Dans ma famille, le bilan des victimes de la guerre était énorme. À part mon père et moi, seules Milenka, la fille de ma cousine Anna, et Zdena ont survécu. Pendant l'un des rassemblements de guides en Angleterre, Anna s'est liée d'amitié avec une guide anglaise qui a proposé – avec son mari, un gynécologue de Bournemouth, Angleterre – de parrainer l'émigration en Angleterre d'Anna, de son mari Emil et de Milenka. Il faut comprendre que pour émigrer dans l'un des pays prisés – la Grande Bretagne, les États-Unis ou le Canada –, des conditions différentes s'appliquaient aux Juifs, mais elles ne variaient pas beaucoup. Pour obtenir la permission allemande de quitter le pays, il fallait un visa valide ; et pour obtenir un visa, il fallait, dans le cas de la Grande-Bretagne, un permis de travail. Il y avait aussi de nombreuses familles anglaises – juives et non juives – disposées à recueillir des enfants provenant des pays déchirés par la guerre et à prendre soin d'eux pour la durée du conflit. Pendant ce temps, la communauté juive de Prague organisait un grand nombre de transports d'enfants pour les envoyer en lieu sûr. Le permis de Milenka est arrivé avant celui de ses parents, qui l'ont laissée partir même si elle n'avait que sept ans. Employée par la communauté juive de Prague, Anna était en relation avec les Juifs allemands et, par la suite, avec les Juifs autrichiens qui fuyaient leur patrie ; elle et son mari savaient tous les deux ce qui nous attendait tous. Ils étaient certains de partir retrouver leur fille quelques semaines plus tard. Zdena, qui s'était mariée en février 1939, se trouvait déjà à Londres avec son mari et la famille de celui-ci. Cela permettait d'autant plus à Anna et Emil d'espérer une issue heureuse, mais ils n'osaient tout de même pas risquer la vie de leur enfant en la retenant.

La famille au complet s'est assemblée à la gare pour dire au revoir à Milenka. Les vitres du train étaient baissées et les parents anéantis se tenaient sur le quai, tandis que leurs enfants pleuraient dans le train. Milenka a réussi à se frayer une place au premier rang et j'entends encore ses cris perçants : « Maman, papa, je ne veux pas partir ! » Mais elle est partie et elle a survécu ; elle vit aujourd'hui au Canada avec son mari, un biochimiste, et leurs trois enfants.

Anna et Emil n'ont pas eu autant de chance. Leurs permis sont arrivés après que les Allemands eurent fermé les frontières pour de bon. Durant quelques semaines, Ruda et moi avons vu Anna et Emil à Terezin, mais ils sont partis avec le convoi de septembre pour Auschwitz.

Ensuite nous les avons revus à Auschwitz et les avons côtoyés presque quotidiennement jusqu'au jour atroce du 6 mars 1944.

Milada, la sœur du milieu, s'est mariée en 1940 et a eu un petit garçon nommé Paul. Nous les avons vus tous les trois à Terezin. Ils y étaient encore lorsque nous sommes partis, mais ils ont été déportés à l'automne 1944 et nous n'avons plus entendu parler d'eux.

Zdena, à Londres avec son mari et leur petite fille, née en janvier 1945, a survécu à la guerre. Nous nous sommes revues à Prague pendant l'été 1945 et soudain la différence d'âge entre nous ne comptait plus. Nous étions toutes les deux adultes, nos maris s'entendaient bien et nous sommes tous les quatre devenus de bons amis. Nos enfants ont noué eux aussi des liens d'amitié, lorsqu'ils se sont plus tard rencontrés. Zdena représente pour moi la sœur que je n'ai jamais eue et mon seul regret est que nous n'ayons jamais habité la même ville, sauf durant les deux années qui ont suivi la guerre. Elle et sa famille me manquent beaucoup. Lorsque je me trouve avec eux, je sens que j'y ai ma place, que je fais partie de la famille, ce que rien ne peut remplacer. Zdena m'a connue au moment où j'étais une enfant ; elle a connu ma mère, toutes mes tantes et mes oncles, et elle a connu tous les cousins dont je parle, alors que mon mari et mes enfants ne les connaissent qu'à travers les descriptions que je leur ai faites. Zdena est vraiment la seule à connaître cette réalité ; et ce n'est que par nous et par notre mémoire que la famille — nos « racines » — continue de vivre.

Mon analyse ouvrit donc une petite fente dans l'épais rideau d'amnésie qu'avait posé, entre le monde et moi, la douleur de la mort de Hilda. J'ai soudain senti que j'avais enfin trouvé des réponses, ce qui avait été toujours éludé en dépit de ma formation scientifique et de mes expériences de vie.

Bien que j'aie été un adolescent très précoce, j'étais dans un sale état. Ma sexualité naissante se centra sur ma mère, que j'avais toujours considérée comme une très jolie femme (c'était LA femme de ma vie à ce moment-là), et sur ma plantureuse grande sœur. Tous mes fantasmes et leurs ramifications comprenaient ces deux femmes. Mon père était encore à cette époque un exemple de masculinité pour moi, bien qu'il exagérât en quelque sorte cet aspect – il n'était pas tellement du type fort, même en ce qui concerne la représentation intérieure que j'avais de lui alors. Mais peut-être ai-je encore besoin de le diminuer dans mon souvenir douloureux et tordu.

Dans la transgression ou le crime prétendu de Hilda, le sexe – sa signification, son but, les émotions et besoins humains et le devoir envers les parents qui s'y rattachaient intimement – et la mort étaient en cause. Quelle conception tordue du sexe m'a-t-on transmise ?

Nuit après nuit, après qu'elle fut partie, je ressuscitais Hilda d'une façon miraculeuse mais naturelle qui ne s'organisait pas toujours en cauchemar ou en rêve inassouvi. Il fallait y voir également la quête d'une solution – comment vivre avec mes parents, comment agir et comment faire semblant. J'ai compris beaucoup plus tard que la perte d'une sœur unique, et particulièrement d'une sœur aînée, signifiait aussi l'assouvissement de l'archétype de la rivalité fraternelle. Mes parents s'en étaient débarrassés à ma place et le prix à payer était manifestement élevé. Ainsi qu'il a été précédemment mentionné, je fus soudain libre et pour ainsi dire affranchi de toutes exigences parentales, de toutes limites et des interdictions ordinaires du quotidien. C'était un lourd fardeau, voire impossible, pour un jeune garçon. Cela rendit plus complexe notre vie ensemble. Je m'étais fait offrir la liberté en échange de l'oubli. Mes parents abdiquèrent prématurément leurs responsabilités. J'étais libre en échange du pardon. Jusqu'à ma percée analytique, je n'étais pas tout à fait prêt à pardonner. Pas plus que je n'avais oublié. Mais cet incident analytique raviva certains souvenirs cachés et bien gardés.

Mon père ne survécut pas. J'utilise ce terme plus ou moins intentionnellement, car il mourut dans les chambres à gaz d'Auschwitz et presque tout de ce qu'il avait été disparut en même temps derrière le voile de mon amnésie. C'était un bel homme au teint mat, plutôt velu et avec une moustache très foncée. Bon nageur, le torse légèrement bombé, il me portait sur ses épaules durant des heures. Il n'était pas très habile avec les outils lourds et ne cherchait pas les occasions de les utiliser, mais il se montrait très adroit avec les petits outils. Il était chaleureux, inventif, doux et charmant, et il parlait trois langues. C'était aussi un homme à femmes, car je me souviens des nombreuses petites scènes de jalousie que ma mère lui jouait avec beaucoup de talent.

Mon père travaillait comme dirigeant dans une grande compagnie d'essence, mais il n'est jamais parvenu au sommet, car la compagnie fut démembrée lorsque les nazis occupèrent Prague. Sa famille venait en partie de Varsovie, en Pologne, et en partie d'Odessa, en Ukraine. Sa mère mourut avant qu'il se marie et son père vivait en alternance chez ses deux filles en Allemagne. Ce grand-père orthodoxe visitait très rarement ses deux fils à Prague, car ceux-ci n'adhéraient pas d'une manière stricte à la doctrine religieuse ; ils observaient les grandes fêtes, mais c'est à peu près tout ce qu'ils avaient conservé comme tradition. Je ne voyais mon grand-père que lors de mes rares visites à Chemnitz, et je l'ai rencontré pour la dernière fois en 1933, lorsqu'il traversa la Tchécoslovaquie afin de se rendre en Palestine et réaliser son rêve de toujours : prier devant le mur des Lamentations et mourir à Jérusalem. Il est mort en 1945, après ma libération.

Mon père fut avant tout très bon pour moi. Je me souviens qu'il m'achetait des timbres et qu'il les conservait pour que je les ajoute à ma collection.

Mais je souhaitais inconsciemment que rien du passé ne soit remué, que sa mémoire reste tranquillement dans l'oubli. Puis j'ai compris qu'il avait été toute sa vie délogé par mon grand-père maternel, que je préférai toujours à mon père et qui, comme je m'apprête à l'expliquer, après la grande déception causée par mes parents, endossa le rôle de l'homme fort qui réussit.

Mon père était un assembleur de nuées, un soi-disant investisseur dans des entreprises mineures et un inventeur occasionnel. Le seul de ses machins qui eut un peu de succès était un mélangeur de cartes automatique – appareil que j'ai vu récemment en vente ici, à Montréal. Comme nous n'avons jamais manqué d'argent, je n'ai jamais fait l'expérience d'un fort sentiment de privation au-delà de l'envie enfantine. Je ne me rappelle d'aucun problème financier, ni d'aucune transaction de mes parents. C'était la situation de mon oncle Heinrich – dont la passion dominante était le pointage boursier – qui oscillait comme un yoyo. Je me souviens de ses immenses villas et de ses petits appartements. J'aimais bien sa femme, tante Paula, qui m'apprit le russe. Mais avec l'arrivée des nazis, nous perdîmes tous nos biens et mon rapport à l'argent et aux finances en fut altéré de façon permanente.

Mes parents furent déportés à Terezin en 1942 et nous allâmes tous à Auschwitz en 1943.

Ma mère naquit à la fin du dix-neuvième siècle, enfant du milieu parmi quatre frères et sœurs dans la famille d'un négociant provincial – en fourrures et plumes – de classe moyenne. Son amour de la nature provenait du fait que son père, semi-retiré au début de la cinquantaine, était devenu gentleman-farmer dans un petit village de montagne à la frontière tchèque-morave (c'était une petite ferme, mais il était un gentleman). Il s'occupait de ses petits vergers, de ses champs et bois et de divers animaux. Il aimait par-dessus tout – probablement dans cet ordre – son petit-fils (moi), la cueillette et la mise en conserve des champignons sauvages, le bricolage de radios rudimentaires, et sa fille Franciska, c'est-à-dire ma mère. On m'affirma souvent que ma mère avait été une très jolie blonde pleine d'esprit. Après le lycée, elle fut envoyée dans une école de commerce à Prague. Au milieu de la Première Guerre mondiale, elle obtint son diplôme – en administration, selon la dénomination d'aujourd'hui – dans le délai des deux ans prescrits. En 1916, elle rencontra un fringant officier d'avenir qui s'apprêtait à partir pour le front russe. Elle devint donc une mariée de la guerre. Son jeune mari fut démobilisé en 1918 et mes parents célébrèrent la Tchécoslovaquie nouvellement formée avec la conception de ma sœur Hilda, qui naquit neuf mois plus tard. Mère devint la maîtresse de maison et administra non seulement la maisonnée et tout ce qui s'y rapportait, mais aussi mon père. Quatre ans plus tard, au moment où ils étaient complètement installés, elle porta un enfant (moi) qui hésitait à quitter le ventre de sa mère pour affronter le monde.

Mère se montrait inventive et créative de ses mains. Peut-être cette disposition l'a-t-elle influencée lorsque Hilda eut des ennuis. Elle était aussi réaliste. Elle aurait été prête à quitter l'Europe assiégée et à tout laisser derrière, mais il était trop tard lorsqu'elle entreprit les procédures d'émigration requises.

Elle survécut à Auschwitz et à d'autres camps et retourna de façon inattendue à Prague, car cette ville sacro-sainte était son chez-soi. Quand ma femme, mon beau-père et moi eûmes la permission d'émigrer en 1948, elle ne put se faire à l'idée de quitter sa ville. Elle resta donc en arrière, même si j'avais fait préparer pour elle tous les papiers. Elle subit un premier infarctus en 1950, puis un deuxième en 1955 qui la laissa à demi paralysée. En 1950, je demandai au gouvernement tchécoslovaque de lui permettre de venir au Canada. Après onze demandes, on la libéra en lui donnant un délai de quelques jours, et on la laissa partir avec une petite valise. Elle eut un autre infarctus dans l'avion pendant la traversée et elle était dans le coma à son arrivée. Elle n'eut jamais la chance de me revoir. Ses beaux cheveux blond vénitien étaient à présent tout blancs ; j'eus le sentiment que ma véritable mère était morte depuis longtemps et que je n'avais sous les yeux qu'un pauvre rappel de ce qu'elle avait été. Il lui fallut sept mois pour mourir.

Le travail de fond du processus analytique facilita l'apaisement de la tristesse, la compréhension des pertes complexes et, principalement, le pardon final. Au moment-clé du point décisif de mon analyse, lorsque je me rappelai la pluie gouttant sur le bord de la fenêtre, une autre chose me revint : la capacité de vivre le deuil. Je me suis senti soulagé d'un énorme fardeau. J'étais finalement à nouveau un être humain.

*Achevé d'imprimer
sur les presses de Friesens
Manitoba, Canada
troisième trimestre 2010*